本著作由国家社会科学基金项目《视觉文化视域下我国主流意识形态的感性传播研究》资助，项目编号：17BKS161

知库

政治与哲学

# 视觉文化视域下
# 我国主流意识形态的感性传播研究

胡启明　著

九州出版社
JIUZHOUPRESS

**图书在版编目（CIP）数据**

视觉文化视域下我国主流意识形态的感性传播研究／
胡启明著 . －－北京：九州出版社，2023. 11

ISBN 978－7－5225－2450－4

Ⅰ. ①视… Ⅱ. ①胡… Ⅲ. ①社会意识形态—研究—
中国—现代 Ⅳ. ①D092. 7

中国国家版本馆 CIP 数据核字（2023）第 207247 号

**视觉文化视域下我国主流意识形态的感性传播研究**

作　　者　胡启明　著
责任编辑　周红斌
出版发行　九州出版社
地　　址　北京市西城区阜外大街甲 35 号（100037）
发行电话　（010）68992190/3/5/6
网　　址　www. jiuzhoupress. com
印　　刷　唐山才智印刷有限公司
开　　本　710 毫米×1000 毫米　16 开
印　　张　14. 5
字　　数　180 千字
版　　次　2024 年 4 月第 1 版
印　　次　2024 年 4 月第 1 次印刷
书　　号　ISBN 978－7－5225－2450－4
定　　价　89. 00 元

# 目　录
## CONTENTS

# 绪　论

## 一、视觉文化视域下我国主流意识形态感性传播的提出

感性通常是作为理性的对立面而存在，不仅是哲学范畴，也是社会历史范畴。感性肤浅直观，理性系统深刻——古希腊哲学、德国古典哲学用"理性"统摄哲学和学术，褒扬理性、忽视感性、压抑感性成为欧洲思想的传统。追求真理普遍性的理性主义往往拒斥感性，在感性和知识的联系中，认为感性是现象而非本质，是非理性的情感，只有逻辑推理的认识才是永恒真实，而感性把握是偶然的，常变不真。亚里士多德（Αριστοτέλης）将感性看成"灵魂的低级部分"[①]；柏拉图（Πλατ ών）将感性的艺术认为是不具真理性的"模仿之模仿"；赫拉克利特（Heraclitus）的"逻各斯"（Logos）在黑格尔（Georg Wilhelm Friedrich Hegel）那里成为理性的规律，是宇宙运动的原则。

文艺复兴"人的发现"开启了感性审美的窗口，强调人的天性之感性美。达·芬奇（Leonardo da Vinci）、米开朗琪罗（Michelangelo di Lodovico Buonarroti Simoni）、拉斐尔（Raffaello Santi）等不遗余力挥洒

---

[①] 亚里士多德把灵魂分为三等：植物只有滋长的灵魂，动物有感性的灵魂，人则有理性的灵魂；从植物到人，灵魂的等级越来越高。高级灵魂包括低级灵魂的功能。

视觉感性审美，以感性的方式塑造主体。感性成为把握真实人生、理解生活的基本方式，更是人和世界的联系。"不同于启蒙时代早期理性化叙事的审美趣味，启蒙主义时期的教育小说、市民悲喜剧，浪漫主义时期的诗歌、音乐和芭蕾舞，现实主义时期的小说、戏剧，无不显示出对自然人性的倾心、对感性生命的珍视、对个体价值的张扬、对理性规范性的远离。"① 18 世纪以来，随着西方社会生活的市民化，感性作为人的存在之基，被理解为人的日常生活的自主实现，即离开感性，生活意义无从附着，必将走向虚无，肯定感性即肯定自身价值的自然合法，是从感性经验入手到把握世界，从"可感世界"通向理性的必经之路。

感性是探寻世界的起点，感性实践是人与社会关联的基本方式。马克思高度重视感性，将感性指向人的对象化活动，实现"感性"向"感性活动"的升华，"把感性世界理解为构成这一世界的个人的全部活生生的感性活动"②，揭示了感性在本质上是实践的，存在于一定历史社会关系中不断发展的，更重要的是认为人能够通过感性活动确证自己的本质力量，即把自己的本质力量通过感性活动外化。马克思在《1844 年经济学哲学手稿》中指出，"说人是肉体的、有自然力的、有生命的、现实的、感性的、对象性的存在物，这就等于说，人有现实的、感性的对象作为自己本质的即自己生命表现的对象；或者说，人只有凭借现实的、感性的对象才能表现自己的生命。"③ 在感性活动中，人的本质和人自身获得了对象性存在，自然和精神、人与世界在感性实践中都得到了实质性改变。从而，感性获得了主体性地位。在此之前，

---

① 张政文. 感性的思想谱系与审美现代性的转换 [J]. 中国社会科学，2014（11）：29—30.
② 中共中央马克思恩格斯列宁斯大林著作编译局. 马克思恩格斯文集：第 1 卷 [M]. 北京：人民出版社，2009：530.
③ 马克思. 1844 年经济学哲学手稿 [M]. 北京：人民出版社，2014：103.

无论是康德（Immanuel Kant）从认识论揭示感性，费希特（Johann Gottlieb Fichte）的行动中定位感性，黑格尔的"表象的意识"，其实都是在思维形式上理解感性，感性拘囿于认识论范畴，不过是从客体角度理解现实的一个把手。对于机械、直观地看待感性，拘泥于感性直观或者感性对象，不理解人的物质性所具有的感性之维，不理解感性体验对社会建构、对人的"意义"。马克思批判性指出，"从前的一切唯物主义——包括费尔巴哈的唯物主义——的主要缺点是：对对象、现实、感性，只是从客体的或者直观的形式去理解，而不是把它们当作人的感性活动，当作实践去理解，不是从主体方面去理解。"① 可见，感性活动"作为内在体验的感性"关乎个体，"作为外在感知的感性"关乎社会，没有感性活动，人的社会关系体系无法建立。

对于通常意义上的"观念之学"——意识形态而言，往往是高度概括而又抽象的，经常以理论形式存在，比如马克思意识形态理论、列宁意识形态理论、弗洛姆意识形态理论、阿尔都塞意识形态理论等，强调的是意识形态的系统化和逻辑化。马克思经典著作并没有给"意识形态"下过严格的定义。为了论战的需要，马克思、恩格斯在批判青年黑格尔派代表费尔巴哈（Ludwig Andreas Feuerbach）中用的更多的是理论化的意识形态概念，受此影响，我国大学教科书给意识形态的定义是"系统化、理论化的阶级意识"。② 在学术界更多的认为是"在一定经济基础上形成的关于世界和社会诸种看法和认识的总和"③。刘少杰认为，当前我国学界应该注意到，作为根源于社会实践的意识形态有着非常丰富的形式，具有泛指和特指，不仅体现在理论化的哲学、政治、

① 中共中央马克思恩格斯列宁斯大林著作编译局．马克思恩格斯文集：第1卷［M］．北京：人民出版社，2009：503．
② 肖前．马克思主义哲学原理［M］．北京：中国人民大学出版社，1994：371．
③ 俞吾金．意识形态论：修订版［M］．北京：人民出版社，2009：130．

法律中，还存在于偏向感性的艺术、文学、宗教之中。① 马克思在《路易·波拿巴的雾月十八日》中对植根于经济基础之上的上层建筑（意识形态）有生动的描述："在不同的占有形式上，在社会生存条件上，耸立着各种不同的、表现独特的情感、幻想、思想方式和人生观构成的整个上层建筑。"② 即在经济基础之上的整个上层建筑包涵复杂的情感体验、理想信念、幻想、态度等经常以文学、艺术、宗教表现出来的非理论化的思想意识，以感性形态连接真实人生和现实世界，构建了感性的意识形态内容。在这里马克思肯定了上层建筑包括感性意识形态——这些思想意识的主要内容并不表现为严密的概念或者逻辑，而更多体现为仪式、象征、习惯等感性意识，有别于通用的抽象性而体现出动人心魄的生动性，其表现的情感共鸣、集体记忆、理想感召蕴含了丰富多样的价值判断和认知理念，而其中又不乏理性之光。

如前所述，感性活动是实践的、现实的物质生活过程，以实践为基础的意识形态一定是包含感性意识的。"思想、观念、意识的生产最初是直接与人们的物质活动，与人们的物质交往，与现实生活的语言交织在一起的。人们的想象、思维、精神交往在这里还是人们物质行动的直接产物。"③ 大量的意识形态现象存在于日常生活的感性意识比如象征、仪式、幻想、信念之中，并不以概念思维来统摄。在西方学者麦克里兰（David C. McClelland）④ 眼里，尽管培根（Francis Bacon）的四偶像说，

① 刘少杰. 意识形态的理论形式与感性形式 ［J］. 江苏社会科学，2010（5）：14—20.
② 中共中央马克思恩格斯列宁斯大林著作编译局. 马克思恩格斯选集：第 1 卷 ［M］. 北京：人民出版社，1995：611.
③ 中共中央马克思恩格斯列宁斯大林著作编译局. 马克思恩格斯选集：第 1 卷 ［M］. 北京：人民出版社，1995：72.
④ ［英］大卫·麦克里兰. 意识形态 ［M］. 孔兆政，蒋龙翔，译. 长春：吉林人民出版社，2005：45.

"种族幻象、洞穴幻象、市场幻象、剧场幻象"① 强调"虚假的观念"，但其中所具有的、日常生活过程中的意识形态意蕴显然是感性的。正如马克思恩格斯所高度重视意识形态来源于生活实践，葛兰西（Antonio Gramsci）也注意到了日常生活空间弥漫的自发形成的意识形态。感性是具体的、现实的、直接的，这种"直观"不同于简单直观，而是在现实的社会历史中的直观。感性层面的意识形态以感觉、知觉和表象而存在，就如伊格尔顿（Terry Eagleton）的审美意识形态充分注意到了，他论述到："哲学似乎突然意识到，在它的精神飞地之外存在着一个极端拥挤的、随时可能完全摆脱其控制的领域。那个领域就是我们全部的感性生活。"②

可见，远离实际生活或者说与日常生活更为疏离的理论化意识形态并不足以完全涵盖意识形态的形式。在社会生活领域，也并不仅仅是远离现实的、抽象的、理论化的意识形态在实际生活中发挥作用，那些在直接的文化艺术传承、风俗习惯、少数民族习惯、心理积淀基础上形成的规范和信念甚至更能支配社会成员的道德行为。因此，感性化的意识形态与身体活动直接相连，作为世界的内在性，内化于身体，支配人们的选择。这给我们重要启示：主流意识形态不仅要关注其理论化形式也要关注其感性形式，这给理论化的主流意识形态感性化以及主流意识形态的感性传播提供了理论基础。

---

① 也谓之为四种幻象，充斥无知和谬误的偏见，具有充分的感性心理意味。"第一种幻象，也就是种族幻象，包括接受那些被传统神圣化了的东西或是让情感干扰理性知识之获取的倾向。洞穴幻象指的是个人特殊的视角常常会排斥更为普遍的观点。市场幻象是语言幻象，市场是社会相互影响的象征，这种相互作用经常与现实相偏离，因而市场成了理性理解的障碍。剧场幻象指的是先前时代的独断想象，它们没有任何经验的基础，并不比戏剧编造的好。"见［英］大卫·麦克里兰．意识形态［M］．孔兆政，蒋龙翔，译．长春：吉林人民出版社，2005：5.

② ［英］特里·伊格尔顿．审美意识形态［M］．王杰，傅德根，麦永雄，译．桂林：广西师范大学出版社，2001：1.

"经济建设是党的中心工作，意识形态工作是党的一项极端重要的工作"①，有效开展主流意识形态传播是强化舆论导向，凝聚价值共识，夯实我党的意识形态话语权，掌握意识形态斗争主动权，增强意识形态引领力的关键环节。而现代社会，人们获取的信息绝大部分来自视觉，视觉获得了"统治性"地位，大量的视觉符号营造了人们的生活空间，构筑了人类社会生存的符号环境。从农业文明到工业文明再到信息文明，作为意识形态中介的文字逐步让渡给文字艺术的感性形式或者融入广告、招贴、影视，并有了信息的视觉数字化、虚拟性转换，"以视觉为中心的视觉文化符号传播系统正向传统的语言文化符号传播系统提出挑战。"② 语言文字的思想内容主要是概念体系和逻辑推论，即便是感性的符号文字描述也具有间接的抽象性，必然丧失感性的部分生动和鲜活，其表达的价值原则、理想信念也是理性化的抽象呈现。在生理基础和精神层面创建的视觉文化，是社会的也是历史的，是心灵的也是身体的，作为一种以"影像""景观"为核心的高度视觉化的文化，正在脱离以语言为中心的理性主义形态，通过视觉媒介技术的加持，日益转向以视觉为中心的感性主义形态。王德峰直接把感性意识称之为现实生活的语言。③ 视觉文化正是通过感性的意向和拟真的景观制造，引导人们认同其传达的政治意识、价值观念、行为准则等意识形态。英国社会学家汤普森（John B. Thompson）富有洞见性地指出："意识形态分析应当集中关注大众传播的技术媒体所传输的象征形式。意识形态分析不应当

---

① 习近平. 胸怀大局把握大势着眼大事 努力把宣传思想工作做得更好［N］. 人民日报，2013-8-21（1）.

② 孟建. 视觉文化传播：对一种文化形态和传播理念的诠释［J］. 现代传播，2002（3）：1.

③ 王德峰教授认为，感性意识就是现实生活的语言。这语言，不是抽象的理论语言（如科学的语言），也不是宗教的语言，也不是哲学的语言。见王德峰. 论马克思的感性意识概念［J］. 云南大学学报（社会科学版），2016，15（5）：6.

集中于由组织政治集团所指定和信奉的世俗信仰体系，而应当首先面向象征现象在社会领域中流通并与权力关系交叉的多种复杂方式。"① 随着新兴媒体的兴起，在大数据技术、云计算的加持下，在消费社会的推波助澜下，意识形态传播生态系统被视觉主导，形象和图像的符号象征不断数字化、移动化，从形象到表征再到视觉机制的考察对于传统的专业化和组织化的主流意识形态传播具有重大价值。

近些年来，我国主流意识形态的传播话语体系开始在悄然改变，尝试以可视化等新技术手段，以平视而非俯视的姿态，以感性生动而非严肃古板的表达来阐释主流意识形态。一部《领导人是怎样炼成的》的动画短片在 2013 年 10 月一经推出就走红网络，广为传播，这也是中国国家领导人首次以卡通形象在网络上现身；其后，由北京市委官方主导的网络媒体发布的《习主席的时间都去哪儿了》动漫系列作品，受到社会各界好评……很多活生生的案例和具有创新性的宣传实践工作表明，当代中国要讲好中国故事，传播好中国声音，增强主流意识形态话语在人民群众中的感染力、吸引力，需要充分发挥视觉文化时代感性传播的作用，克服我国主流意识形态传播中的精英化倾向与大众化需求的矛盾，深化视觉文化视域下以感性形象或符号象征传播意识形态的感性传播研究，推动主流意识形态在视觉文化中的转化及实践。

上述理论与现实的概括凝聚为一个关键术语——"感性转向"。一方面，通过感性强调人自身的现实性，能够消解理性一元主导对感性的限制，为主流意识形态传播从广阔的政治空间叙事走入更为隐秘的日常生活空间创设条件，并在这个符码无处不在的视觉文化时代实现主流意识形态的感性传播，实现对传统的、计划的、有组织的主流意识形态传

---

① ［英］约翰·B.汤普森.意识形态与现代文化［M］.高銛，译.南京：译林出版社，2005：286.

播的创造性补充和突破。另一方面，感性转向意在扭转感性与理性之间的二元对立，意识形态既具有理论化的理性形式，也具有感性的形式，当今时代，两者的位置甚至发生了互换，"最突出的变化是计算理性走向了后台，而感性意识则走向了前台"①。主流意识形态的感性传播是传播权力的生产和重新配置，是开放的也是回归的，正如鲍姆嘉藤（Alexander Gottlieb Baumgarten）所谓的"感性需要稳妥地引导"②，主流意识形态的感性传播同样需要稳妥的引导。从根本上说，主流意识形态感性传播应该就是意识形态传播打开的基本方式。

## 二、核心概念辨析

### （一）感性传播

#### 1. 感性命题的哲学考察

感性是个重要的哲学命题，贯通于西方哲学史当中。汉语词汇"感性"是个外来词，来源于日语，具有英文单词"sensibility"和德文单词"Sinnlichkeit"两个层面的意思。前者意为感官性的主体感知，是在时间和空间的先天直观中通过外物刺激获得的；后者为感性知觉和表象以及本能（欲望），其中蕴含的"想象"区别于被动知觉，能够在它物刺激不给予的条件下创造直观表象。在唯理论的主导下，感性往往被抑制在被动知觉的理解当中。总体上，可以从认识论和存在论的角度具体阐释感性的含义。

《哲学大辞典》中，感性词条的释义为"一般指外界事物作用于人的感觉器官而形成感觉、知觉和表象的认识形式或认识阶段。该词英文

---

① 刘少杰. 社会学理性选择理论研究［M］. 北京：中国人民大学出版社，2012：168.
② ［德］鲍姆嘉藤. 美学［M］. 北京：文化艺术出版社，1987：17.

源于拉丁文 sentise，表示知觉到和感觉到"①。这个释义在"认识论"或"知识论"的框架之内，聚焦在感性能力、感性形态、感性知识能否真实反映客观事物这个核心主题上，指向"人类的认识如何可能"，具体到感觉、知觉、感官经验与认识之间的联系。

古希腊时期，哲人们就把关于世界本原的知识建立在感觉上，把感觉视为认识的起源和基础，智者派的普罗泰戈拉（Protagoras）提出"人是万物的尺度"，主张感觉即为真理；德谟克利特（Demokritos）认为"暗昧的认识"主要依赖感觉；柏拉图认识到感性的重要性，认为感觉结合记忆和理性才能认识真理。亚里士多德提出"理智中没有什么东西不是早先已在感觉中的。"② 以至于 19 世纪"实验心理学"的开创者威廉·冯特（Wilhelm Wundt）如此评论，"在反思思维产生之初，人们把对外部世界的知觉看得比对观念、思维和情感、意志的内部体验更为重要"。③ 文艺复兴时期，感觉解放和感性革命成为思考精神的觉醒、反抗宗教理性的突破口，从而才有了"人的发现"。托马斯·康帕内拉（Tommas Campanella）在《以感觉证明的哲学》指出，通过感觉才能认识到自我的存在，可以怀疑一切，但不能怀疑自我的感觉。

近代哲学唯理论和经验论以理性或者经验作为知识的来源而划分。经验论认为，观念性的知识来源于感官知觉和经验。在康德看来，感性和知性是知识的两大来源，他把感性作为接受性的直观，通过感性对象"给予"，知性开展"思想"，试图协调唯理论和经验论。黑格尔对康德

---

① "感性"词条。见《哲学大辞典》编辑委员会. 哲学大辞典 [M]. 上海：上海辞书出版社，1992：1639.
② 北京大学哲学系外国哲学史教研室. 西方哲学原著选读：上卷 [M]. 北京：商务印书馆，1981：150.
③ ［德］威廉·冯特. 人类与动物心理学讲义 [M]. 叶浩生，贾林祥，译. 西安：陕西人民出版社，2003：20.

的二元不可知论进行了批判，他认为，感性认识和理性认识是认识的两个阶段，彼此依赖，目的在于论证认识是一个普通感性知识到绝对知识的过程。而"审美"一定程度上缓解了上述矛盾，审美诉之于心灵，审美能力也是感性的，源于自然生命又顺应人道。黑格尔在《美学》中指出，美是理性的感性呈现。因此，审美在自然和自由上达成了统一，"是个人的又携着社会，是特殊的却伴着普遍，无功利却暗合于最普遍的利益，无目的却又指向最高的目的"①，弥合了道德和本能的对抗、感性和理性的冲突。费尔巴哈把哲学目光投向了现实的感性世界，首次提出"感性原则"，力图确立人的感性独特地位，把感性看作是人的类存在，因而感性有了社会性意涵。为了反抗"理性暴力"，叔本华（Arthur Schopenhauer）把生命意志、尼采（Friedrich Wilhelm Nietzsche）把强力意志视为人的本质，从根本意义上肯定了感性生命精神。

马克思把感性纳入实践范畴，感性理解为"感性活动"，即人的实践。实践是不能脱离具体的、现实的、感性的人来空谈。从而，感性和感性活动获得了基础性地位，"提供了不同于知性传统的哲学视角，建立了一种崭新的理解人及人类历史的实践方式"②。首先，感性是人生存的基石，感性活动是人维持生存的必要手段；其次，感性活动是对象性活动，包含主体与客体、人与自然的全部关联，在认可对象存在的同时，确证了自身的存在，即人通过感性活动不仅获得对象的认识，还印证了人作为社会存在物的生存观念；最后，感性是发展的，在感性的运动中，感性的解放构建了消除理性主义虚假性的基础，感性活动使肉体感官的感知能力改变，进而改造人们的身体形态，而身体凝结在社会关

① 张政文.感性的思想谱系与审美现代性的转换［J］.中国社会科学，2014（11）：30.

② 邵晓光，郑丽娜.感性、历史和自由：马克思实践范畴的三重维度［J］.沈阳师范大学学报（社会科学版），2017，41（3）：62.

系当中，存在于人类生存的纷繁复杂的社会文化背景之中，通过"行动的身体"达到"发现身体"。

进入 20 世纪，随着科学技术的发展，借助"操作意识"和"文化工业"，技术统治取代了政治统治。现代资本主义社会显现出资本主导下的技术控制秩序，科学技术越发展，本应具有否定性的理性反而越发成为一种肯定性思维，技术理性与人的自由相背离，这引发了法兰克福学派马尔库塞（Herbert Marcuse）对技术理性的批判，他在《单向度的人》一书中提到，资本主义社会的人已成为单向度的人，只有肯定没有批判，完全丧失了理性本应具有的批判能力，社会也走向单一向度。马尔库塞构建了"新感性"理论来对抗工具理性对人的感性的压抑，"如果没有个人本身的新的合理性和感性的发展，那么也就不可能有社会的质的变化，不可能有社会主义。"① 新感性强调感受力的恢复，反省能力和审美能力的构建，以期实现感性冲动和理性自由的有效结合。在后现代的视域下，福柯（Michel Foucault）、德里达（Jacques Derrida）从结构主义走向解构主义，用话语、符号表征感性经验。

在数字信息时代的今日，"数字视觉"给人更多的感性冲动，人机交互或者说人与机器（媒介）交往成为人与自然的交往，人与人的社会交往之后的新形式，虚拟现实赋予了感性更多的维度，给感性带来了数字化特征，"元宇宙"概念的突起更是模糊了现实人和数字虚拟人直接的界限，人的感官能力得以拓展，感性空间更为立体。毫无疑问，感性活动的网络化、数字化、视觉化、虚拟化意味着感性产生了新的革命。

---

① ［美］赫伯特·马尔库塞. 工业社会和新左派［M］. 任立，译. 北京：商务印书馆，1982：118.

## 2. 传播的基本理解

"传播"英语对应单词为"communication"，词源是拉丁语"communis"，意为"普遍"，据此，雷蒙德·威廉斯（Raymond Williams）认为 communication 是指"使普及于大众"及"传授"的动作。① 我国学者陈力丹提出了自己独特的见解，认为"'传播'在印欧语系的文字中源于古希腊的两个词根，一个是 com，指与别人建立一种关系；一个是 munus，指效用、产品、作品、利益、服务等等。两个词根合起来，意为'共有''共享'。"② 其"共享"意蕴与詹姆斯·凯瑞（James W. Carey）的"传播的仪式观"内涵有共通之处，凯瑞认为传播不仅仅是信息的内容传递，更是共享信息的表征的仪式，也是在时间上对社会的维系。又如杜威（John Dewey）的"社会不仅通过信息的传输和交流而存在，而且可以说是直接存在于信息的传输与交流之中。"③ 显然，"communication"内涵主要是交流和共享。

中国典籍也有过"传播"一词。《现代汉语大辞典》中对"传播"的释义是"散布"。"散布"只是在物理空间的信息散布，是单向度的，汉语语境的"传播"并无"交流""共享"的含义。可见今日传播学中的"传播"并不是中国传统的汉语语境中的"传播"。

林之达认为要理解"传播是什么"，必须回到传播的基元上来，他认为，人类元初传播之所以发生是由于一定生产关系中，作为社会的人必须依赖于一定的社会关系才能生存和发展，其前提是"相互要交流思想感情"，因此，"传播就是传者与受传者使用符号，通过某种媒介，

---

① 参见［英］雷蒙·威廉斯. 关键词：文化与社会的词汇［M］. 刘建基，译. 北京：三联书店，2005：73.
② 陈力丹. 传播学的基本概念与传播模式［J］. 东南传播，2015（3）：50.
③ DEWEY J. *Democracy and Education*［M］. New York：Macminllan，1916：5.

相互输送、交流信息的过程。"① 这个定义更多的是把传播局限于信息的传输和交流。为了更全面的阐释什么是传播，刘海龙强调从"关系、知识、权力"三个维度去思考传播的概念，一是人是社会中的人，是社会关系的总和，传播在一定关系下发生，特别是当下的社交媒体（Social Media）更是离不开人的社会关系；二是"知识"能够建构个人的想象以及群体的集体记忆，这种"知识"区别于自然科学的客观描述，是通过传播获得的关于世界的叙事，从而得以从社会视角去理解传播对于个人和社会的重大价值；三是传播是权力的载体，因此，"传播是一定社会结构与社会关系中的信息传递与知识共享行为。"② 陈力丹也强调，无论如何变化，信息和知识在时空中流动，进行双向的交流互动沟通，"共享"是其基本内涵。③

值得注意的是，在西方，从 19 世纪"传播"开始进入公共话语就有了明显的对个体和社会的控制隐喻，"传播的典型情形是劝服、态度改变、行为变化，通过信息传递、影响或调节达到社会化或个体对读什么或看什么的选择。"④包括对传播技术的"效果""影响"等研究都表明，传播具有明显的意识形态"主导"趋向。

3. "感性传播"的范畴

一般认为感性传播与理性传播对立，两者区别在于传播的内容展开形式不同。传播技术的发展使得传播内容以影视形象和符号象征展开，网络空间的"象征性环境"更是推动了传播与图像、符号等象征性符

① 林之达. 宣传、新闻、传播三概念辨析［J］. 当代传播，2007（5）：10.
② 刘海龙. 中国语境下"传播"概念的演变及意义［J］. 新闻与传播研究，2014，21（8）：115.
③ 陈力丹. 传播学的基本概念与传播模式［J］. 东南传播，2015（3）：50.
④ ［美］詹姆斯·W. 凯瑞. 作为文化的传播［M］. 丁未，译. 华夏出版社，2005：28.

码的结合，传播内容的展开形式和传播方式都具有显著感性特征，比如刘少杰在论证意识形态的感性传播中提到"感性传播是以感性形象、影视画面或符号象征传播意识形态观念，而理性传播则是以文字语词、报刊书籍或有声广播传播意识形态观念。"① 这和邱园园认为的"所谓感性化传播，是指借助文学、艺术等感性形式，通过图像、音频等感性形象进行大众化传播的一种具象传播方式，是人的感性认识与感性活动的统一"② 在义理上是一致的，都是强调对传播内容以感性形式展开，以及传播方式的感性化，意图"摆脱抽象、生硬、强制的说教方式，实现感性形象转化并融入大众日常生活"③。感性传播创建了新的社会联系、知识和权力的生产，构建了新的信息内容传递和意义共享，是新型的交往方式，带动了社会结构的变迁。

上面对感性传播的界定实质上还是把传播的主体观主要建立在理性意识主体上，"传播被理解为理性意识层面对于话语信息的理解与反应，媒介则是中介，连接主体与客体，或者构成主体间性。媒介是外在于主体的，当然也外在于身体。"④ 不管是传播内容和传播方式的感性化展开实质都是基于理性意识主体的，并聚焦在传播效果的有效性上，忽略了感性在传播中的本原价值，比如实践感觉、精神感觉对于传播的驱动。

理性和情感作为传播的思维方式和心理取向，成为李建军界定传播

① 刘少杰. 新形势下意识形态传播方式的变迁［J］. 吉林大学社会科学学报，2011，51（5）：72.
② 邱园园，庞立生. 网络意识形态的感性化传播机制及其治理逻辑［J］. 理论导刊，2021（9）：60.
③ 李晓阳，张明. 视觉文化视域下主流意识形态感性传播的机理探究［J］. 湖北行政学院学报，2019（6）：11.
④ 孙玮. 交流者的身体：传播与在场——意识主体、身体—主体、智能主体的演变［J］. 国际新闻界，2018，40（12）：93.

的方法，由此颠覆了传统传播学以传播主体和媒介形态作为分类的标准，他把传播分类为"理性传播和情感传播"，认为"理性传播是指传播活动主体思维采用理性思维，以理性思维逻辑为取向和结构的传播活动，传播活动和过程以理性认知和模式来建构。与理性传播恰恰相反，情感传播活动主体思维则采用情感逻辑架构和指向方式，通过情感主体活动和过程影响传播受体，并形成互动与共享，以情感为前提和桥梁，以情感为心路历程和传播图式来力求达到传播目标和效果。"① 显然，李建军把理性传播和情感传播看成是辩证统一的整体，把情感传播而不是感性传播放在了理性传播的对立面而相互依赖，共生共存。情感传播活动和过程以情感模式来建构，传播主体的价值诉求与前面涉及的传播方式的感性化有共同之处，凸显感性交往实践，带来"重组时空中经验传递范式的转变，以及由感性文化传统所激发的社会认同力量的彰显……"②，在这里，无论是情感还是感性，都成为传播中主体关系建构的重要机制，但并不涉及以图像符号的感性形式展开传播内容，使之具象化的过程和方式方法。

综上可以看出，国内学术界更多的是从二元对立的角度，把感性传播看成是与理性传播模式对应的传播思维和传播方式的感性化，即强调传播主体的感性思维。客体的感知和情绪体验，也包括对传播内容以感性形象、符号象征开展的方式方法，但感性只是充当了传播中的工具性存在，抹杀了感性在传播中的基础性地位，没有理解到感性是人与世界的基本关联。

感性（感性活动）在马克思思想里面具有基础性的地位。"全部人

---

① 李建军，马瑞雪，周普元．论情感传播的特点和原则［J］．东北师大学报（哲学社会科学版），2020（5）：101.

② 姜楠．感性选择：互联网群体传播中的主体关系建构［J］．现代传播（中国传媒大学学报），2021，43（1）：66.

类历史的第一个前提无疑是有生命的个人的存在。"① 显然，马克思认为，人类存在最基本的形式就是感性存在。感性贯穿于人与世界、人与社会关系的对象性活动中，是理性思辨的基础，也是一切科学活动的前提。"感性必须是一切科学的基础。科学只有从感性意识和感性需要这两种感性形式出发，因而，科学只有从自然界出发，才是现实的科学。可见，全部历史是为了使'人，成为感性意识的对象和使人作为人'的需要成为需要而作准备的历史（发展的历史）"②。因此，传播作为一种社会实践，是不能跨过或者忽略感性传播这一关键环节，不能仅仅考虑如何利用符号象征和感觉、知觉、表象导致的传播方式、传播内容、传播效果的改变，而应该从基础性的地位把"感性"纳入传播之中。马克思启发我们要从现存的感性世界出发，以身体的感性感觉为原初，才能更为深刻地理解到感性传播的要义。一是，感性传播研究必须挖掘感性深厚的哲学意蕴，不能仅仅陷入官能感觉上谈感性传播，要考察感性与身体现象学直接的关系，感性传播就是身体实践。二是，重视感性与技术的交融，"就是将一种完全不能用身体经验到的不能知觉到的（这其实就是日常身体的感觉功能）现象，转化成图像的功能。但是，如果这些现象是以技术或工具作为中介，它们就确实能经验到。""没有工具中介，就完全没有对这些现象的经验。"③ 从感觉到知觉再到表象，技术促成了相应的转化。虚拟现实等新技术构建了人—机新感性的"虚拟化"，感性传播获得了新的感性空间，这使得在当今元宇宙兴起的背景下探究感性传播更具时代性。三是，感性经验能够把陌生的、

---

① 中共中央马克思恩格斯列宁斯大林著作编译局. 马克思恩格斯选集：第 1 卷 ［M］. 北京：人民出版社，1995：67.

② 马克思. 1844 年经济学哲学手稿 ［M］. 北京：人民出版社，2014：89—90.

③ ［美］唐·伊德. 让事物"说话"：后现象学与技术科学 ［M］. 韩连庆，译. 北京大学出版社，2008：80，91.

不可见的事物转化为可以理解和接纳的，将感性维度纳入传播研究，要从传播视角探究信息交流共享、权力生产、社会关系构建、知识获取与感性结构和特征的内在关联，肯定感性的能动性，完善感性传播。

（二）主流意识形态

意识形态作为"观念的集合"，最早被指称为观念科学。在马克思理论视野中，意识形态一是作为"观念的上层建筑"，以描述性的、中性的、一般意识形态面貌出现，反映一定的社会经济基础，主要表现为理论产物及形式，比如哲学、法律、政治理念、道德等，以及以感性形式存在于艺术、文学之中，不带价值评价；二是作为"虚假的意识"，针对青年黑格尔派的代表人物费尔巴哈、鲍威尔（Bruno Bauer）和施蒂纳（Max Stiner）的哲学理论而展开价值批判。

"统治阶级的思想在每一时代都是占统治地位的思想。这就是说，一个阶级是社会上占统治地位的物质力量，同时也是社会上占统治地位的精神力量。支配着物质生产资料的阶级，同时也支配着精神生产资料，因此，那些没有精神生产资料的人的思想，一般地是隶属于这个阶级的。"[1] 马克思强调，意识形态具有鲜明的阶级性，统治阶级的意识形态同样占据统治地位。由于意识形态由经济基础决定，随经济基础变化而变化，是一定阶级或社会集团的根本利益的集中体现，不同的利益主体会产生不一样的意识形态。意识形态具有的批判、整合等各种功能，正是它反映了不同阶级和阶层的利益诉求和价值理念。意识形态有其自身的演变规律，具有阶段性特征，不同的意识形态反映不同的利益诉求，各种意识形态之间的交锋和斗争异常激烈，正因如此，不能脱离现实生活而空谈意识形态。在这个意义上，张雷声给意识形态做了一个

---

[1]　中共中央马克思恩格斯列宁斯大林著作编译局.马克思恩格斯选集：第 1 卷［M］.北京：人民出版社，1995：98.

综合性的定义，即"意识形态是一定社会的阶级、集团基于自身利益对现存社会关系自觉反映而形成的认知体系，由一定的政治、法律、哲学、道德、艺术、宗教等社会学说及观点所构成，反映了一定阶级或集团的利益取向和价值取向，并为其服务，成为其政治纲领、行为准则、价值取向、社会思想的理论依据。"①

任何社会都存在主流和非主流的意识形态，两者是相对而言，主流意识形态意味着被整个社会绝大多数成员接纳并奉行的思想观念体系，往往是占统治地位的阶级或集团的意识形态，因为统治阶级总是要把本阶级的思想观念转化为全社会的思维观念和行为规范，直至成为整个社会的主流意识形态，从而维护政治秩序，保证统治地位。因此，"主流意识形态是由现实社会经济基础所决定，为巩固建立于这一经济基础之上的社会政治制度和维护统治阶级根本利益服务的思想体系。"② 可见，主流意识形态是某个社会、某一时期社会思想文化的中枢，具有强大的思想凝聚、政治号召、国家认同的功能，维系着政治体系的合法性，作为居于统治地位的阶级的思想体系，必然是要维护统治阶级的利益，服务统治阶级的主张。

那么，我国的主流意识形态是什么？从意识形态的主体来看，主要有国家、政党、社会三个层次。我国是社会主义国家，中国共产党是中国的唯一执政党，具有马克思主义政党的鲜明特质。毫无疑问，马克思主义是中国共产党的指导思想，也是国家的主导意识形态，但"主导"并不等同于"主流"，如果混淆，则存有以下问题：一是只要占据意识形态的主导地位就自然成为主流意识形态，从而意识形态的合法性是一劳永逸的，不存在被颠覆的危机（即主流和非主流不存在相互转化），

---

① 张雷声. 论社会主义社会主流意识形态 [J]. 马克思主义研究，2008 (4)：37.
② 孟浩明. 我国社会转型期主流意识形态建设问题 [J]. 科学社会主义，2005 (4)：57.

历史发展显然不是如此；二是主导等同于主流，则意味着社会成员的共同信仰、价值理念都已经高度一致，无需建设，这也和当前强化主流意识形态的建设事实相违背。

中国特色社会主义最本质的特征是中国共产党领导，中国特色社会主义制度的最大优势是中国共产党领导。中国共产党主导了国家全部的政治和社会生活，党的意识形态与国家意识形态基本等同，都是以马克思主义为指导，无所谓主流与非主流之分。而在社会场域，改革开放四十余年来，社会阶层不断分化，利益群体复杂多元，在利益诉求上的差异存在扩大的趋势，各种社会思潮和多元价值观不断冲击党和国家的主导意识形态在社会领域的主流地位，只有在社会意识形态中，或者说在社会层面，才用"主流"和"非主流"。所谓"主流"，指的是在社会层面的各种不同的意识形态激烈竞争中占据优势地位的意识形态，并获得主导性地位。因此，各种社会意识的存在和发展是以现实的经济社会发展为基础的，前者是后者的必然产物。多样化的社会意识反映了广大人民群众多层次的精神需求，"主流"的语义场在于社会。加强主流意识形态建设就是要把中国共产党的主导意识形态在社会场域相对其他意识形态（比如各种社会思潮）具有压倒性优势，处于主流，获得主导性地位，实现主导—主流—主导的转换。

马克思主义是我们立党立国的根本指导思想，全面坚持和加强党的领导必须在思想意识上坚持马克思主义的一元主导。马克思主义是不断创新发展的科学理论体系，随着"21世纪马克思主义"概念的提出，马克思主义与时俱进的品质越发彰显，能够引领时代，针对不同发展阶段和历史条件下的现实问题作出科学判断，指导、引领、整合社会中存在的多种意识形态成分。我国主流意识形态的"主流"落脚点是"在社会的公共生活内部，建设与党的性质宗旨高度吻合的主流意识形态"①。其中包含两层含义：一是政治性标准，即我国主流意识形态必须与中国共产党的宗旨和价值指向一致；二是社会性标准，能够得到最广大人民群众的认同和接受。因此，书中要探讨的主流意识形态整体上可以表述为"马克思主义是社会主义社会的主流意识形态"，从内容上高度凝练为"社会主义核心价值观是社会主义意识形态内容的本质体现"。万山磅礴有主峰，习近平新时代中国特色社会主义思想是马克思主义中国化的最新理论成果，学习贯彻习近平新时代中国特色社会主义思想，提升主流意识形态传播的有效性是当前强化意识形态建设的一项紧迫任务。

（三）主流意识形态的感性传播

本书要论证的核心主题是"视觉文化视域下我国主流意识形态的感性传播"，因此，要真正明晰"主流意识形态的感性传播"内涵，必须把研究目光转向我国经济社会发展的重大变化上来，特别是要对我国改革开放以来的"社会自主性"问题进行深刻考察。

中国具有自己独特的国情社情，"最根本的一点就是党建国家、党建社会，也就是在中国共产党的领导下实现了 1949 年新国家的建立与 1956 年新社会的建立"②。改革开放前，中国实施计划经济体制，社会思想意识单一，政党、国家、社会高度一体化，国家是个全能国家；改革开放以来，市场经济的开放、竞争、平等等特征进入到社会人际交往之中，现代社会组织不断生长，文化价值更为多元，经济发展促成更为复杂的劳动分工、收入差距加大以及社会分化，社会结构发生更大转

---

① 李冉. 谁之主流 何以主流：主流意识形态的问题研判与建设愿景 [J]. 清华大学学报（哲学社会科学版），2014，29（5）：84.

② 李冉. 谁之主流 何以主流：主流意识形态的问题研判与建设愿景 [J]. 清华大学学报（哲学社会科学版），2014，29（5）：84.

变，"'社会'从总体主义的国家中自发地潜滋暗长起来"①。

也就是从社会的视角看，社会领域挣脱国家行政力量和政党意识形态的力量在增强，社会自主性让以往我国"国家—政党—社会"格局开始松动，"个体自主与群体自主"② 让国家政治力量必须加以重视，把其作为社会主义现代化发展的一个重要维度来考量。

在社会自主性增强的背景下，我国社会并不是单一意识形态存在，意识形态的斗争表现得也越来越隐蔽，潜隐在消费文化、视觉文化等符号表征当中，潜移默化地改变人们的思维观念。在上述情况下，我党的意识形态要统摄社会场域的意识形态，需要兼顾政治性和社会性，在对话和交锋中当仁不让地占据"主流"，一方面要加强党的意识形态建设，在继承性和发展性上做文章；另一方面就是本书所研究的问题，强化主流意识形态传播。

当今时代，主流意识形态要在社会意识形态谱系里牢牢把握领导权，不断扩大话语权，需要更多考虑传播的效度问题。传播意味着知识、权力、关系的整合和生产，"一切知识都要依靠话语传播才能获得，脱离话语的事物是不存在的，人与世界的关系就是一种话语关系。"③ 但主流意识形态往往是以高度抽象和严肃的话语呈现，其理论讲解和概念推演容易拉开与大众审美的距离。主流意识形态符合大众趣味和审美，首先是要满足人民群众的需求，才能被广为接纳，而这些需求在社会自主性背景下是多层次、多样态的，因此，急需完成主流意识形态传播从抽象到具体，从单向灌输到注重个人体验，从"意识形态产品"到"意识形态消费"的感性过渡。

---

① 高丙中，夏循祥. 社会领域及其自主性的生成 [J]. 北京大学学报（哲学社会科学版），2015，52（5）：123.
② 李友梅. 中国社会生活的变迁 [M]. 北京：中国大百科全书出版社，2008：20.
③ 王治河. 福柯 [M]. 长沙：湖南教育出版社，1999：159.

结合前面对"感性传播"范畴的讨论，本研究认为，主流意识形态的感性传播就是在社会场域从现存的感性世界出发，以身体的感性感觉为原初，强化技术和感性的结合，注重对主流意识形态的视觉形象转化，趋向感性主义的一种传播模式。这种传播模式在主流意识形态传播中居于基础性地位，能够最大化回应和满足人民群众对主流意识形态的感性需要，是超越理性传播的一种社会实践。

## （四）视觉文化

人类的历史就是一部"看"的历史，是如何观察自我、他人，观察世界的实践的历史。从旧石器时代晚期的计数抽象符号，到带有图像元素的象形文字以及相关的图像书写，再到壁画、雕塑等艺术的出现，都蕴含了丰富的视觉意识。视觉图像最早是作为艺术来进行研究，而图像的意义不仅仅限于图像本身，还在于图像以语言所没有的方式与身体接触，被赋予人的主观愿望、情感和思想，它在感性经验的一般领域中涉及感觉和知觉的问题，"所有的理解都源于根植于我们原始感官的一系列隐喻。因为隐喻'像'一个事物，而不是事物本身。"① 视觉作为一种文化活动，这就关涉到"视觉的社会建构"和"社会的视觉建构"问题。视觉和视觉图像是权力关系的表达，在这种关系中，观众支配视觉对象和图像，而它们的生产者对观众施加权力。

在文本文化时代，图像被认为是感官的、非理性的存在，文字占据了信息传播的主导地位，印刷术更是强化了这一文化传播方式。早在1913 年，匈牙利美学家巴拉兹（Béla Balázs）就提出了相对"印刷文化"而言的"视觉文化"的概念；20 世纪 30 年代，德国哲学家海德格尔（Martin Heidegger）在"世界成为图像和人成为主体这两大进程决

---

① BOCK MA. Theorising visual framing：contingency, materiality and ideology ［J］. *Visual Studies*，2020，35（1）：1-12.

定了现代之本质"的论断中彰显"世界被把握为图像";在资本主义工业化发展的浪潮中，西方工业社会业已形成，本雅明（Walter Benjamin）在《机械复制时代的艺术作品》一书中论述了"机械复制时代"下传统艺术在神圣的"祭坛"上的崩塌；其后，居伊·德波（Guy Emest Debord）在他的《景观社会》中宣告现代景观社会的到来，生活只不过是展示为景观的高度累积，"景象决不能理解为是视觉世界的滥用，抑或形象的大众传播技术的产物，确切地说，它就是世界观，它已变得真实，并在物质上被转化了。它是对象化了的世界观"①，揭示了现代社会，一个人的生活被全面地景观化。随着光学、科技成像、数字技术的发展，视觉装置、视觉体验不断丰富，并占据人的日常生活，图像或者影像已经成为人们感知世界、理解世界的基本方式。丹尼尔·贝尔（Daniel Bell）近乎论断式地指出"当代文化正在变成一种视觉文化……这是千真万确的事实。"② 现代文化中可见的视觉转向或视觉霸权，反映为视觉媒体和视觉奇观对语言、写作、文本和阅读活动的支配。通过杰姆逊（Fredric R. Jameson）的"仿像社会"我们可以看到消费社会背景下"形象"是如何推到前台的历史过程。面对"图像转向"，米歇尔（W. J. T. Mitchell）近乎夸张地写道"生活在任何文化中就是生活在视觉文化中，也许除了那些罕见的盲人社会。"③ 确实，正如我国著名学者周宪所言"我们正处于一个视像通货膨胀的'非常时期'，一个人类历史上从未有过的图像富裕过剩的时期。"④ 视觉文化已

---

① ［法］居伊·德波. 景象的社会［M］//陶东风，金元浦. 文化研究：第3辑. 天津：天津社会科学院出版社，2002：59.

② ［美］丹尼尔·贝尔. 资本主义文化矛盾［M］. 北京：生活·读书·新知三联书店，1989：156.

③ MITCHELL W J T. Showing seeing：a critique of visual culture［J］. *Journal of Visual Culture*，2002：165-181.

④ 周宪. 反思视觉文化［J］. 江苏社会科学，2001（5）：71.

然成为现代社会不能回避的一种文化形式，与消费社会的崛起、媒体技术的发展有深刻关联，并通过形象塑造影响意识形态的构建。

什么是视觉文化？它是一门有关美学、艺术史、传播学、修辞学等学科的新兴交叉学科，又兼具文化研究、图像研究、媒体研究等各种复杂的学术形态，所以视觉文化难以定义。米尔佐夫（Nicholas Mirzoeff）认为，"视觉文化是仍处于创建期的构想，而不是一个已经存在着的界定清晰的领域"①。有学者认为，从字面上理解，视觉文化就是"双眼可见的文化现象和文化产物"②，显然，这个理解忽略了视觉是一种文化建构，不是简单地由自然赋予的。视觉作为一种文化活动的概念必然需要对它的非文化维度进行研究，而且视觉还延伸到日常的观看和展示实践，尤其是那些间接的、或不可见的联觉现象。

南京大学的周宪教授在国内较早并且系统地研究过"视觉文化"，取得了系列高质量成果，影响比较深远。他在《反思视觉文化》一文中提出三类定义视觉文化的思路，一是以语言为中心到以视觉为中心的文化转换，以图像和语言的对立二元结构来定义视觉文化，这种文化突出视觉化。二是偏重历史的建构，强调视觉文化是在一定的条件下发展起来的，比如消费社会等，突出其后现代性、历史形态和趋向，有些类似于米尔佐夫认为的"视觉文化的问题不在于它强调视觉的重要性，而在于它使用文化框架来解释视觉的历史。"③ 三是着力于符号表意实践，从符号学和社会体制层面强调"视觉体制"下的"意指系统"，偏重社会性分析。总体上，是从美学、社会学、历史学三个视界进行界

---

① ［美］尼古拉斯·米尔佐夫. 什么是视觉文化 ［M］//陶东风，金元浦. 文化研究：第 3 辑. 天津：天津社会科学院出版社，2002：11.
② ［加］段炼. 视觉文化：从艺术史到当代艺术的符号学研究 ［M］. 南京：江苏凤凰美术出版社，2018：1.
③ MIRZOEFF N. *An introduction to visual culture* ［M］. New York：Routledge，1999：22.

定。进而，他提出"视觉文化有两个基本含义，一是指称一个文化领域，它不同于词语的或话语的文化，是视觉性占主因的当代文化；二是用来标识一个研究领域，是广义的文化研究的一个重要分支。"① 由于视觉文化是个跨学科融合的广泛的文化现象，他也提出必须进一步对视觉文化的视觉性进行分析，才能更好地理解视觉文化的深刻内涵。国内学者吴琼也持有该观点，认为"视觉文化研究的对象并非视觉产品本身，而是隐藏在一切文化文本中的'视觉性'。"② 视觉或视觉行为不仅是生理性的感官行为，还受到复杂的社会影响，不同的观看者可以根据其文化和社会背景的不同，以不同的方式诠释同一形象。在《形象的修辞》中，罗兰·巴特（Roland Barthes）写道，"形象的观看者同时接收感知信息和文化信息。"③ 可见，视觉性是个社会范畴，是一个深深植根于现有文化规范和权力结构并受其影响的过程，在这一过程中，意识形态作为一组社会构建的意义或规范，嵌入并规化到文化结构中，以至于它们变得不可见或成为常识。"视觉性就是主体通过自己的视觉行为对其社会关系的再生产"④，这种社会关系又是通过视觉话语进行构建的，视觉话语被表达、感知和解释，最终实现视觉资源调动并作用于观看者，关乎表意实践的意义生产。"视觉文化本质上是一个在视觉符号的表征系统内展开的视觉表意实践，它蕴含了许多隐而不显的体制、行为、意识形态和价值观，正是通过这些视觉符号表征的复杂实践，一方面再生产出现有的社会结构和社会关系，另一方面又可以对现存的社会结构

---

① 周宪．反思视觉文化［J］．江苏社会科学，2001（5）：73．
② 吴琼．视觉性与视觉文化：视觉文化研究的谱系［J］．文艺研究，2006（1）：84．
③ BARTHES R. *The rhetoric of the image：Image，music，tex*［M］. Translated by Heath S. London：Fontana，1964：36．
④ 周宪．当代视觉文化与公民的视觉建构［J］．文艺研究，2012（10）：29．

和社会关系进行反思和批判。"① 视觉生产的制度语境和观看语境的不同，或者说给定的视觉策略部署的不同，可以达到迥异的意识形态目的。

通过以上分析，我们认为，视觉文化是与语言为中心的印刷文化相对应的，以形象为中心，以视觉性为精神内核，通过视觉化建构的一种文化形态。在大众媒介和视觉技术不断发展的背景下，这种基于图像特别是影像为基本表意符号的感性主义文化形态日益成为现实的思维直观。视觉文化的文化逻辑在于以视觉为主因的视觉化。视觉文化最显著的特征之一是越来越倾向于将本身不可见的东西形象化，使我们肉眼看不见的东西变得可见。换句话说，视觉文化并不依赖于图像本身，而是依赖于现代人对存在进行描绘或形象化的倾向。② 从而视觉对日常生活、对社会现实、对知识生产达成重构。在视觉技术的助力下，影像化取得了主导性地位，虚拟性越来越突出，最后形成"视觉性的弥散"。③在当代生活中，我们沉浸于无所不在的视觉文化，在其中思考和感受。视觉象征表达了我们最基本的想法、情感和判断，也使我们很多微妙的思维和感觉依赖于视觉世界的符号，这是在新时代意识形态工作中急需关注的一个重要现象。

### 三、相关研究梳理、方法及意义

#### （一）相关研究梳理

#### 1. 国　外

自 1913 年匈牙利电影理论家巴拉兹从电影的视角阐释视觉文化以

---

① 周宪. 视觉建构、视觉表征与视觉性：视觉文化三个核心概念的考察 [J]. 文学评论，2017（3）：18.
② MIRZOEFF N. *An introduction to visual culture* [M]. New York：Routledge，1999：5.
③ 曾军. 从"视觉"到"视觉化"：重新理解视觉文化 [J]. 社会科学，2009（8）：114.

来，随着传播技术和视觉技术的进步，视觉转向成为全世界不争的事实，即由通过语言把握世界到通过图像把握世界。这个转向引起了众多国外学者在哲学、社会学、文学等领域的极大反响。经过文献梳理发现，对于视觉文化图景中的意识形态感性传播或控制，西方学者无论是法兰克福学派、新左派、激进主义、后现代主义都有一个共同的倾向，那就是对社会文化的批判立场——把批判指向定位于资本主义文化生产对大众意识的控制方面，并且更关注灵活的解释结构。相关研究大体分为三个阶段：一是批判西方文化工业通过电影等大众媒介展现的象征形式对意识形态控制的阶段；二是批判西方现代社会成为景观社会，意识形态传播融入到日常生活当中的阶段；三是揭示随着现代影视技术的发展，通过视觉符号无所不在地呈现，当代西方社会意识形态传播已经进入感性化的阶段。

（1）文化工业—象征形式—意识形态控制

早在 1947 年，法兰克福学派的霍克海默（Max Horkheimer）和阿多诺（Theodor Adorno）在《启蒙的辩证法》等著作中提出"文化工业"的理论，从社会批判的角度出发，首次揭露了当时发达资本主义国家的文化大工业特征，认为文化工业作为大众欺骗的启蒙，通过电影等大众传播媒介，促使意识形态以各种有意义的象征形式在社会生活中广泛存在、传播，实现了大众文化的隐性奴役。法兰克福学派另一代表人物马尔库塞在《单向度的人》（1964）中深化了发达工业社会意识形态研究，认为媒介科技造就意识形态幻觉，使大众在日常生活中处于无意识状态，成为现代社会中单向度的人。

（2）景观社会—日常生活—意识形态传播

在法国哲学家居伊·德波〔《景观社会》（1967）〕看来，现代社会就是一种意象的景观社会，景观正是由感性的可观看性建构起来的幻象，人们生活在由景观制造出来的种种"幻象"中。阿尔都塞〔《意识形态和意识形态国家机器》（1970）〕在对国家意识形态机器批判中直指"意识形态＝幻象／暗指"，这表明，意识形态在实现自身意图的过程中，正是通过幻象、暗示、他者的对比及意义等意识形态镜像结构来表明其意识形态性的。而鲍德里亚〔《符号政治学批判》（1972）〕通过对"电视对象"的研究，甚至认为意识形态幻象就是最重要的比真实更为真实的现实，形成对伪现实的支撑。在鲍德里亚看来，伴随着符号和拟像在社会和日常生活的传播，现实和表征实现了倒置。齐泽克（Slavoj Žižek）〔《意识形态的崇高对象》（1989）〕更进一步指出今天的意识形态已经不再是简单的社会和生活假象，它整个地融入了现实生活，成为生活中不可分割的部分。

（3）影视技术—视觉符号—意识形态感性传播

如果说上述理论还是隐晦地触及意识形态在视觉文化下的感性传播的话，那么汤普森〔《意识形态与现代文化》（1990）〕则是明确地论述了影视技术引起的意识形态传播方式感性化的变化。汤普森通过考察录像机、电视机等现代媒介技术对意识形态传播的影响，得出当代意识形态传播已经展开了象征化和大众化的结论，意识形态感性传播从可能发展到成为现实。

现有研究趋势和进展：区别于法兰克福学派和后现代主义认为个体被文化工业和景观社会淹没，对于意识形态悄然传播而不自觉的不同，值得注意的是，近些年来西方学者（Margaret Dikvitaskaya，2005[①]；Nicholas Mirzoeff，2011[②]）开始逐步关注个体和群体对视觉的反应和理

---

① DIKVITASKAYA M. *Visual Culture*：*The Study of the Visual after the Cultural Turn*［M］. Cambridge：The MIT Press，2006，46（3）：322-325.

② MIRZOEFF N. *The Right to Look*：*A Counter history of Visuality*［M］. Durham：Duke University Press，2011：147.

解，认为意识形态接受者在视觉文化背景下也完全有可能发挥他的主动性的解码功能。这个研究倾向成为当今研究的潮流，比如代表性人物英国的著名文化学者费斯克（John Fiske）就接受了霍尔（Stuart Hall）的编码/解码理论，肯定了接受者对意识形态信息主动的解构。

2. 国　内

在我国，由于"意识形态工作是党的一项极端重要的工作"，反应在学术界上就是国内学者对"意识形态传播"研究非常重视，大量"媒介"（主要集中在新媒体）与"意识形态传播"相关的问题、策略、路径、机制、能力建设等学术成果不断涌现，但与西方学界在视觉文化图景下对意识形态感性传播研究的跨学科多维并举相比，国内在该主题上的研究相对寂寥了好多，主要有：

（1）意识形态日常生活化与视觉文化研究

南京大学的周宪（2000）[①] 最早在《哲学研究》上通过对审美现代性与日常生活批判，提出视觉文化对日常生活审美和意识形态的影响，其后他发表了一系列对视觉文化兴起研究的文章，研究结果多有涉及意识形态日常生活化与视觉文化的关联；其后，吴学琴（2009，2012）[②③] 重点放在视觉文化对当代人们的日常生活无所不在的影响上，强调视觉文化作为意识形态的新载体，通过制造出拟真的幻象，成为意识形态控制日常生活的新方式；蒋成贵（2013）、揭晓（2016）[④] 从方法上提出要实现意识形态日常生活化传播，需要提升视觉文化传播主体的素养和审美能力，规范视觉文化传播的法律和伦理道德。

---

[①] 周宪. 审美现代性与日常生活批判 [J]. 哲学研究，2000（11）：63—70，80.

[②] 吴学琴. 日常生活的意识形态分析及其认同 [J]. 马克思主义研究，2009（3）：59—63.

[③] 吴学琴. 日常生活的意识形态与视觉文化 [J]. 教学与研究，2012（7）：28—35.

[④] 揭晓. 视觉文化传播与意识形态日常生活化研究 [J]. 社会主义研究，2016（1）：68—74.

（2）意识形态传播效果与视觉感性传播研究

真正契合该领域的研究成果很少，最近几年才有学者开始提出利用视觉效应进行意识形态感性传播，提升意识形态传播效果。卜思思（2012）[1] 论证了视觉传播中的模式化形象对受众的导向功能；李海、范树成（2014）[2] 提出利用视觉效应，以视觉化的方式帮助人们在头脑中形成主流意识形态的感性认识，构建意义图示，以群众乐于亲近和接纳的形式传播社会主流意识形态；宋辰婷（2015）[3]、董雅华（2016）[4] 等人借助传播学的分析框架，针对我国主流意识形态传播的社会环境和模式发生的重大变化，提出要借助当代视觉感性传播的创造性力量，形成意识形态有效传播的优势。

（3）意识形态传播方式与视觉媒介研究

该领域研究随着我国互联网和新兴媒介崛起而开始兴起，很多学者（张品良，2001[5]；张静、周三胜，2005[6]；刘春雪，2009[7]；等）关注到网络媒介带来了意识形态传播方式的变革，而刘少杰（2011）[8] 真正把研究视野聚焦到兼具象征化和大众化特征的视觉媒介，认为其实现了

---

① 卜思思. 视觉传播研究 [D]. 西北大学，2012.

② 李海，范树成. 论我国主流意识形态传播新机制的建构 [J]. 求实，2014（7）：46—49.

③ 宋辰婷. 网络时代的感性意识形态传播和社会认同建构 [J]. 安徽大学学报（哲学社会科学版），2015，39（1）：149—156.

④ 董雅华. 论主流意识形态的有效传播：模式转换与策略选择 [J]. 毛泽东邓小平理论研究，2016（2）：41—46，91.

⑤ 张品良. 网络传播对党的建设的挑战及应对 [J]. 江西财经大学学报，2001（1）：62—65.

⑥ 张静，周三胜. 论网络传播条件下党的意识形态建设 [J]. 毛泽东邓小平理论研究，2005（6）：61—66.

⑦ 刘春雪. 社会主义意识形态传播过程中受众的心理机制研究 [J]. 湖北社会科学，2009（11）：5—8.

⑧ 刘少杰. 新形势下意识形态传播方式的变迁 [J]. 吉林大学社会科学学报，2011，51（5）：68—74，159.

意识形态感性传播方式对以往理性传播方式的超越；匡文波（2016）①、陈红玉（2017）② 进一步提出视觉修辞作为显性媒介，为政治传播带来强大的能量场，实现了传播方式转变。

此外，还有大量的符号学、传播学、文艺学等方面的译介性文章涉及消费社会视觉意识形态问题。

总之，国外研究对于"景观社会"与意识形态传播、"文化工业"与意识形态传播、意识形态传播方式感性化、受众能动解码等方面的论断能够开阔本研究的理论视野，其跨学科分析等方法具有极大借鉴意义，但是，西方学者的研究主要是立足于当代资本主义文化社会的批判，显然不足以阐释"小康社会"特征非常明显的我国当代意识形态传播和建设问题；国内研究在理论构架、旨趣指向等方面具有一定的借鉴意义，但是对于该主题的译介性研究较多，原创性研究比较薄弱，没有把视觉文化与意识形态感性传播紧密关联，尚无法全面回应中国在迈向现代化的进程之中，视觉文化现象这一社会现实带来的意识形态感性传播转向问题，无法从深层次上把握意识形态感性传播在内涵、表现形式等方面发生的重大变化。

（二）研究意义

1. 理论意义

（1）针对我国主流意识形态传播中的精英化倾向与大众化需求的矛盾，把研究视角转换到基于"视觉文化"视域下的意识形态感性传播上来，从理论构建上补充和完善了国内长期以来偏向意识形态理性传

---

① 匡文波．"刚柔相济"新媒体时代主流意识形态的传播策略［J］．人民论坛，2016（23）：122—125.
② 陈红玉．视觉修辞与新媒体时代的政治传播［J］．西南民族大学学报（人文社科版），2017，38（1）：179—183.

播的研究体系。

（2）通过挖掘视觉文化下意识形态感性传播的功能及逻辑，诠释和升华了意识形态日常生活化理论，融通了视觉文化、意识形态、感性传播、日常生活四者之间的关联。

（3）通过进一步从理论上探讨视觉文化视域下意识形态感性传播的内涵和外延，推动和深化了意识形态感性传播的学术研究，丰富了意识形态传播感性化的理论与方法。

2. 现实意义

（1）为理论化、体系化、抽象的马克思主义意识形态向生动形象的感性意识形态转化提供范式。

（2）为当今我国文化产业的生产及传播以及优秀传统文化在"视觉消费文化"中的转化及实践提供理论参考。

（3）为政府更好地增强各民族的社会认同，提高主流意识形态传播效能，最大限度地缓解大众文化娱乐化与意识形态的精英主导之间的矛盾，切实维护意识形态安全，推动主流意识形态建设提供决策依据。

（三）研究方法

文献法：通过查阅视觉文化、感性传播方面最新的文献，以此作为本课题研究的参考资料，进行研究。

跨学科研究法：视觉文化作为一种文化现象和文化实践，它本身的跨界感就特别强，视觉文化视域下的意识形态感性传播打破学科的界限，将马克思的符号经济学、社会学、传播学等多种学科结合起来，从新的角度诠释感性传播的内涵和维度，形成极具生命力的思想空间。

逻辑分析综合法：分析意识形态感性传播的运行逻辑，综合分析感性传播的层级构成，辩证归纳出当代中国主流意识形态感性传播的相关路径。

### 四、基本思路

本课题以马克思主义理论为指导，以主流意识形态传播的基础发生巨大变革和视觉文化时代的产生为切入点，运用马克思的符号经济学、传播学、文化学等理论和跨学科研究法、功能分析法、逻辑分析综合等方法，揭示传统的主流意识形态理性传播在理论和实践上的匮乏，从而得出一种新的主流意识形态传播理念——感性传播产生的必然性，继而通过对我国当代"小康社会"视觉文化特征下主流意识形态感性传播独有的内涵解构、内在逻辑、运作机制、现状审视等环节的研究，实现视觉文化视域下我国主流意识形态感性传播理论体系的建构目标，并探寻出当代中国主流意识形态的感性传播优化策略，在上述研究的基础上，根据研究进路还进行了相关理论扩容。

项目研究内容共计七章。

绪论部分。主要介绍了项目选题的缘起及意义，对视觉文化视域下我国主流意识形态感性传播的提出进行逻辑性分析和宏观把握，从理论与现实概括出本课题的关键术语——"感性转向"，著者认为从根本上说，感性传播应该就是主流意识形态传播打开的一种基本方式。继而对本课题的核心概念、相关研究进展进行了系统性梳理和学理性辨析，并简明阐述了课题的基本思路和内容布局。

第一章，我国主流意识形态传播变革的基础和感性选择。我国主流意识形态传播的变革是植根于全面宣传学习贯彻习近平新时代中国特色社会主义思想的现实需求；新时代我国主流意识形态传播要素有了"新变化"；"世界被把握为图像"——社会各个层面的视觉化等现实性基础。我国主流意识形态传播的感性选择也具有理论上的自洽性，由于传统的主流意识形态传播是趋向于理性化的，在大众文化不断张扬的当代，其精英化特征与大众化之间的矛盾逐渐拉大，并表现出不平衡性——难以兼顾群体和个人；理想化——预设与结果的冲突；唯一性——与日常生活疏离；封闭性——失去开放性品格等问题，如何从政治领域走向更为广阔的日常生活，从精英走向普通民众，推动主流意识形态最广泛地传播，并真切地掌握群众，是当前急需解决的重要任务。本章从马克思的感觉观出发，在理论上详细阐述了"感性"的选择和应用是主流意识形态传播手段和话语方式创新的一大关键，可以从思维到整体的构建上区别于以往的主流意识形态传播模式，从根本上解决长期以来被忽略的感性功能和作用，弥补主流意识形态理性化传播制度安排和理论建设的不足，更好地适应时代变化，应对新时代的新要求和新问题。

第二章，"看"的意识形态性——我国主流意识形态感性传播的内在逻辑。在视觉文化成为当今社会显性的文化形态背景下，人们被"图像"包围并潜移默化地接受其蕴含的思想观念和价值体系，所以，从视觉文化形成和扩散的角度来看，主流意识形态感性传播就是主流意识形态内在的价值体系"视觉化"的过程；又由于视觉文化作为一种感性的文化形态，这种"视觉化"的过程自然也是从感性到"新感性"的发展过程。本章在视觉文化理论的框定下，借用视觉文化可以从"视觉"到"视觉化"的谱系来理解的思路，创新性地把主流意识形态感性传播从"视觉化"的文化逻辑来理解，即自内核官能感觉——视觉出发，"看"现实的感性世界，继而沿着超越"肉眼所限"的视觉化进路，从"将不可见变为可见的"再到"影像化主导"，进而发展到仿真和拟像的"虚拟性"，最后形成"视觉性的弥散"。而由于"看"具有意识形态性，从而"看"—视觉化—意识形态的链条得以明晰，构成了视觉文化视域下主流意识形态感性传播的内在逻辑。

　　第三章，视觉文化视域下我国主流意识形态感性传播的运作机制。视觉文化时代既指向了人与外部世界的交流处于视觉媒介包裹之下的状态，同时也内在涵盖了主流意识形态感性传播涉及的基本场域、关键性载体或者中介、技术支撑，只有这样，主流意识形态感性传播框架才能得以成形。本章以此思路为起点，在前面几章梳理清楚视觉文化视域下主流意识形态感性传播的核心概念、内在逻辑的基础之上，厘清视觉媒介技术对我国主流意识形态感性传播的具体影响，以及视觉媒介在视觉文化时代背景下的媒介特征，探析以日常生活空间为基本场域、视觉媒介为载体、视觉技术为支撑的主流意识形态感性传播的运作机制，进一步深化整个项目研究的理论和应用构架。

　　第四章，视觉文化视域下我国主流意识形态感性传播的现状审视。本章作为核心章节，详细地论证了视觉文化视域下我国主流意识形态感性传播的视觉符号化表达、媒介仪式呈现、虚拟数字化体验等表现形式，得出日常生活化、视觉化、大众化、情感化等基本特征，继而对视觉文化视域下我国主流意识形态感性传播发挥的作用进行了总结阐述，并在上述基础上，重点剖析了视觉文化视域下我国主流意识形态感性传播存在的一些问题，为第五章的整体性方案优化做好铺垫。

　　第五章，视觉文化视域下我国主流意识形态感性传播的策略。基于前面五章的论证，我们明白视觉文化视域下我国主流意识形态传播感性选择的合理性，以及"看"的意识形态发挥作用的内在逻辑、运作机制，特别是针对视觉文化视域下我国主流意识形态感性传播的现状审视，透析了其中存在的若干问题，发挥的相应作用。上述研究呼唤我们做出相应的策略改变，以更好地将以理性、抽象形态为主要样态的主流意识形态转化为感性生动的"视觉"材料，让群众看得见、摸得着、听得懂，从而触动人民的情感共振、唤醒人民的价值认同、引领人民的行为实践。本章同样作为核心章节，提出了视觉文化视域下我国主流意识形态感性传播必须坚持的原则、要点，并重点回应前面的相应论证，系统性提出全面推进媒介深度融合，融入人民群众日常生活，重视利用媒介仪式，拓展情感化体验新形式，提升大众视觉素养，强化对视觉信息的监管等优化策略，构建新时代我国主流意识形态感性传播的合理性路径。

第六章，理论扩容：媒介仪式与我国主流意识形态感性传播。这是研究上自然而然的一种深化，媒介仪式强调的是视觉媒介、媒介技术和仪式的融合，与视觉文化视域下主流意识形态感性传播一样，同样诉诸视觉符号表达和象征。可以这么说，没有视觉表达就没有媒介仪式的呈现，没有"观看"就没有媒介仪式的意义共享。从而，严格地来讲，媒介仪式是视觉文化的一种派生，人们通过集体观看仪式展演，激发情感，唤醒认同，但更进一步的是"媒介仪式"具有特殊的意义共享的特点，于是就有了视觉文化视域下主流意识形态感性传播的理论扩容——从视觉文化到媒介仪式，这也是对项目主题研究的进一步思考和"接纳"。更重要的是，近些年来在视觉文化的背景下，移动视频直播等新媒体不断兴起，通过媒介仪式来达成我国主流意识形态的社会认同已经越来越常态化了，这也是本课题进一步进行该理论扩容的重要原因。为此，本章在理论上从传播的仪式观出发，详实地论证了媒介仪式的内涵和功能，指出主流意识形态的媒介仪式感性传播理念是适应时代发展的选择，进而提出了主流意识形态媒介仪式感性传播的问题及防范要点，从整体上拓展了整个项目的研究主题。

# 第一章　我国主流意识形态传播变革的基础和感性选择

变革往往来自现实的驱动，我国主流意识形态传播的变革植根于现实的需要，并具有理论上的自洽性。传统的主流意识形态传播是趋向于理性化的，在大众文化不断张扬的当代，其精英化特征与大众化之间的矛盾逐渐拉大，如何从政治领域走向更为广阔的日常生活，从精英走向普通民众，推动主流意识形态最广泛地传播，并真切地掌握群众，是当前急需解决的重要任务。习近平总书记指示，"要加强传播手段和话语方式创新，让党的创新理论'飞入寻常百姓家'。"[1]"感性"的应用是传播手段和话语方式创新的一大关键，可以从思维到整体的构建上区别于以往的主流意识形态传播模式，从根本上解决长期以来被忽略的感性功能和作用，弥补主流意识形态理性化传播制度安排和理论建设的不足，更好地适应时代变化，应对新时代的新要求和新问题。

## 一、我国主流意识形态传播变革的现实基础

（一）全面宣传学习贯彻习近平新时代中国特色社会主义思想的现实需求

党的十八大以来，马克思主义在中国有了创新性发展，产生了马克

---

① 习近平. 习近平谈治国理政：第 3 卷［M］. 北京：外文出版社，2020：313.

思主义中国化的最新成果——习近平新时代中国特色社会主义思想。全面宣传学习贯彻习近平新时代中国特色社会主义思想是当前我国主流意识形态传播的核心工作，这是一项光荣和伟大的政治任务，要求我们必须创新性开展主流意识形态传播的理论和实践研究。

全面宣传学习贯彻习近平新时代中国特色社会主义思想分为面向国内和对外宣传（国际传播）两个层面，工作各有侧重。对内而言，习近平新时代中国特色社会主义思想作为全党全国人民的行动指南，是马克思主义基本原理与中国具体实际相结合的又一次伟大飞跃，是中国特色社会主义实践和理论的抽象与萃取，需要强化传播，让伟大理论"飞入寻常百姓家"，成为全党全国各族人民的精神支柱。当下，由于媒介融合，传播的主体和技术、环境、手段等都发生了深刻的变化，影响和改变整个传播生态，迫切需要创新和掌握传播的方式方法，让习近平新时代中国特色社会主义思想走深、走实、走心。2021年9月15日中国互联网络信息中心发布的第48次《中国互联网络发展状况统计报告》显示：截至2021年6月，我国网络视频（含短视频）用户规模达9.44亿，较2020年12月增长1707万，占网民整体的93.4%；其中，短视频用户规模达8.88亿，较2020年12月增长1440万，占网民整体的87.8%；截至2021年6月，我国网络直播用户规模达6.38亿，同比增长7539万，占网民整体的63.1%。可以看出，以视觉化的感性融入人民群众更为私域化的日常生活空间（当然，日常生活本身也是趋向感性的，所以两者融合的可能性才更好）、人际交往、认知习惯等中，这使传播习近平新时代中国特色社会主义思想成为可能和必须。对外而言，主动观照全人类共同价值，讲好中国故事，传播好中国声音（特别是习近平新时代中国特色社会主义思想），更好地在国际社会凝聚共识、引发共鸣，需要加快构建中国话语和中国叙事体系，更好地唤醒感性因素，跨越民族和国家、语言的障碍，在网络空间以可视化、社交化的感性传播获得意识形态争夺和传播的优势。

（二）新时代我国主流意识形态传播要素有了"新变化"

1. 新时代对传播主体提出新要求

（1）新的定位要求

自媒体等新兴媒体的发展催生了新的传播主体，弱化了主流媒体的主导功能，削弱了其话语权威和固有的信息优势，对传播主体提出了新的定位要求。传统上，我国主流意识形态的传播主要依靠学校、政府以及官方主流媒体等传播主体来进行。其中主流媒体作为官方发布权威信息的主要渠道，凭借其独特的政治地位，在整个信息传播体系中长期掌握信息优势，拥有强大的话语权，主导着主流意识形态传播（常常是处于"我说你听"的强势地位）。技术改变生活，也改变了整个政治传播格局，新媒体时代的到来，新的传播主体出现并逐渐在信息传播中显露优势。特别是社交媒体的应用普及，使得人们可以通过手机轻易地在微博、抖音、微信等平台上发起信息传播活动，从而推动了传播客体的主体化变革，信息传播逐渐由国家主导向大众参与的方向转变，彻底改变了主流意识形态传播上单一的主体结构。在这种情况下，主流意识形态为了获得更大的传播空间，达到更好的宣传力度与效率，就需要适应新时代传播主体的变化特点，改变原有传播主体的定位，摆脱权威但刻板的传播形象，必须在打造新型主流融合型媒体上下功夫，让主流媒体的媒介融合度高、富有竞争力，信息输出又快又好，不仅有影响力，更是政治站位高，有原则守底线，从而保证社会主义核心价值观能够在意识形态阵地上持续发挥作用，引领整个社会意识形态始终保持正确方向。

（2）新的能力要求

互联网时代，迅疾化、碎片化的信息传播特点，对传播主体提出了更高的能力要求。迅疾化和实时化是互联网在信息传播中与生俱来的特点。随着互联网技术的发展，移动通信网络设施的不断完善，信息传播方式更加便捷，传播速度也飞速发展。与此同时，经济的发展也推动了消费结构的快速变化，多元化的价值观逐渐在全社会传播，人们的利益诉求逐渐分化，对信息的需求也呈现出多样化的特点，从而导致了信息传播碎片化的特点。再加上人的闲暇时光日益被视觉媒介所占据，媒介技术为吸引受众，不断创新视觉投放方式，个体的专注力更容易被转移，被碎片化割裂，导致信息传播的碎片化态势加剧。如此一来，所传播的信息非常容易丧失连贯性、系统性和整体性，变成"只言片语"毫无逻辑感的碎片化存在，不仅失真，也无法建立起完整的知识体系，从而受众更容易受到传播主体意识形态的裹挟，如今所谓的"后真相"就是如此，反映的就是个体在媒介意识形态的操纵下意识和认知的偏离。我国主流意识形态在以往相当长一段时间内的传播方式都是过度重视传播的权威性，依靠主流媒体无差别进行意识形态输出，最终使主流意识形态在传播上缺乏针对性，发挥作用受限。面对新时代的信息传播特点，传统的对象模糊的传播方式很难取得良好的传播效果。这就要求传播主体必须拥有更高的精准传播的能力，能够根据传播对象的不同特点将主流意识形态进行直观化、视觉化、情感化处理，以感性的传播方式提高受众的接受度，将信息整合传播出去。我国主流意识形态的传播主体只有具备更好的能力，糅合感性传播理念融入的具体传播过程中，才能更好地提高传播效率，将社会主义核心价值观的作用真正发挥出来。

（3）新的合作要求

更加开放多元的传播环境，对新旧传播主体之间提出了新的合作要求。随着经济全球化的发展以及我国经济社会改革的不断深入，当今世界呈现出多极化多元化格局，我国社会也呈现出社会阶层多级化、利益主体多元化和生活方式多样化的趋势。社会结构的不断变迁以及社会阶层的不断分化，决定了我国民众的价值观念也必然日益多元化。这要求在传统的意识形态传播过于强调国家和社会的整体利益基础上，开始要以感性传播的模式兼顾多层次的个体需要。同时，随着互联网的发展，新媒体以其互动性、实时性等优势壮大了传播力，消解了传统媒体的优势，传播主体更加多样，传播环境也变得更加开放。面对新时代传播环境的新变化，在主流意识形态阵地上，社会主义核心价值观必须保持主导作用。因此，为提升我国主流意识形态的传播效力，主流媒体与新媒体之间要保持竞争、合作共存，促进二者融合发展，打造多层次全方位的传播主体结构。一方面要坚持主流媒体在意识形态传播中的领导地位，保证传播内容符合社会主义核心价值观的要求；另一方面，发挥新媒体在传播中的优势，以更加丰富的形式推动我国主流意识形态的传播，推动传统式的主流媒体新媒体化，轻便式的新媒体主流媒体化，强化两者的融合，将新媒体的数字化、移动性、生动性与传统媒体的权威化、正式化相融合，打造适应传播环境变化的融媒体矩阵。通过数字化信息中央厨房，不断生产出内容丰富、能够吸引受众的主流意识形态内容产品，进一步发挥我国主流意识形态大众化传播的影响力和引领力。

2. 传播客体发生新变化

（1）传播客体分层化、价值观念多元化

传播客体即主流意识形态传播的对象，是主流意识形态传播内容的主要接受者，在传播学中又称之为受众。在价值多元化趋势下，传播客体即受众对主流意识形态的接受能力存在较大差异。一方面，个体之间的文化背景、知识储备、生活经验、成长历程等千差万别，不同个体对于同样的主流意识形态的接受能力都会有较大的差别。绝大多数受过良好教育的大学生、研究人员、政府机关工作人员对主流意识形态本身就有较大的向心力，同时又由于文化素养较高，对主流意识形态接受程度相对较高，而那些边远地区由于条件所限，受到较少的文化教育的群体对我国主流意识形态偏向理论性的内涵领悟能力就较差。另一方面，部分传播客体的理论水平不高，甚至对抗性解读主流意识形态的内涵。出于对政治化传播主体的逆反心理，"一些受众开始对以国家宣传部门为代表的当代中国马克思主义大众化传播主体的主导地位提出挑战，甚至表现出一种反主导趋势"①。从宏观层面上来讲，我国人口受教育程度在逐年提升，据教育部公布的2021年教育事业统计数据显示，我国在校生达2.91亿人，但不可否认的是，我国依然还有一部分群众没有受到良好的教育，文化程度不高，难以接受、消化、吸收偏理论化的主流意识形态。而主流意识形态在实际的传播过程中，并没有对这部分群体采取有针对性的传播手段，导致他们很难真正去理解马克思主义意识形态理论，从而思想认识水平停滞不前，为此必须从感性层面去弥合受众出现的碎片化趋向，从内在情感上消除由于传播客体分化造成对主流意识形态的接受误区。

（2）接受态度变化，向主体化方向转变

传播客体作为一个生活在具体现实世界的个体，兼具自然性和社会性，无论是个体的心理状态还是环境诱因等其他因素都可以使个体做出不一样的行为和选择，所以传播客体呈现出不平衡性、变化性、复杂性和层次性等特征。这都是主流意识形态传播中必须重视的问题。传播客

---

① 李春会.马克思主义大众化传播要素运行的矛盾 [J].广西社会科学，2016 (8)：8.

体对于理论的接受态度是影响传播效果的重要因素，必须注重培养传播客体对主流意识形态的正向态度。传播客体能否接受、认同并内化主流意识形态，一是主流意识形态要有吸引力，能够让人愿意靠近、愿意了解；二是要有说服力，能够让人信服，以理服人。因此，传播客体对主流意识形态的接受，是一个从感性出发的认知过程，也是一个态度改变的过程。在传统媒体时代，人们对于传播主体没有可选择性，面对主流媒体的传播只有被动接受这一种选择。然而，新媒体时代，意识形态的传播途径更加多样。与传统媒介相比，传播客体有更大的主动选择权，对于传播内容的接受态度也发生了很大改变，更易于接受视觉吸引力高的内容。前文已写到新时代传播客体出现分层化特点，呈现不同的价值需求与取向，而目前的一些主流意识形态传播理念、方式、方法往往没有紧扣受众靶向，忽略了受众之间的差异和倾向，结果使传播偏离实际需求，传播客体被动式接收信息，传播效果自然就不好。

因此，新时代对于主流意识形态传播要从改变客体接受态度，提高客体接受力的方向出发。利用视觉文化的优势特征，使传播客体对于主流意识形态的态度变被动接受为主动选择，并能形成感性"评论"式转发，比如在微信朋友圈点赞、转发、置顶、留言，发展为自发自觉的主动传播，实现传播客体与传播者一体化转化，完成主流意识形态的感性传播。一方面，要提高传播客体在传播活动中的参与度。按照"沉默的螺旋"理论，一般民众一旦发现自己的意见难以被重视或者获得支持，就往往陷入沉默，不愿意再次发声，作为普通民众很容易陷入这种困境，渴望被重视，但又保持观望与沉默，对社会发展的公共议题越来越淡漠，以致于逐步边缘化，从而对主流意识形态也保持距离。由此要让沉默者不沉默，必须让他们的所见所感都说明一个事实——各方面的声音都是受到同等对待并重视的，那么必须在政府主管的各种公共媒介上，特别是通过视觉媒介提供、展现各种"声音"的舞台，让人民群众可以真切"看到"并感知到"我们一样受重视"。从而，这部分民众，作为我们意识形态工作的传播客体才愿意发声，愿意主动参与到主流意识形态传播上来，从而将硬性的灌输转换为自觉的素养。另一方面，要顺应传播客体主体化趋向，以视觉来激发普通群众的情感，以情感人、以情化人，情理交融支配下的传播往往效果更好。

可见，受众不仅是主流意识形态传播活动的传播客体，同样也可以成为传播主体。"随着时代的进步和新媒体技术的平民化发展，受众与传播者之间的界限变得越来越模糊，二者往往是可以相互转化的。因此要促成受众主动传播，在与他人共享中形成多向交互传播，在多种传播模式的带动下实现共生共荣。"① 上述论证，实质上也说明了传播主客体互换中感性力量挖掘的重要性，在视觉媒介的桥梁下实现从官能感性到实践感性的激发。

3. 传播内容发生新转变

（1）向内容生活化方向转变

习近平总书记指出："一种价值观要真正发挥作用，必须融入社会生活，让人们在实践中感知它、领悟它"。作为主流意识形态的社会主义核心价值观其出发点和落脚点都在日常生活，一旦脱离了真切的、生动的日常生活实践，社会主义核心价值观将无从附着，这是培育和弘扬社会主义核心价值观的重要指向，也正因如此，生活化是主流意识形态的内在要求，意味着主流意识形态传播最终是要走向生活化的。这也决定了主流意识形态的传播内容是否与人民群众的生活相融合，是否为人民群众喜闻乐见，是否根植于人民群众对生活的迫切诉求，直接关系到

---

① 张福平，张云平. 共创共享：马克思主义大众化传播的模式选择 [J]. 郑州大学学报（哲学社会科学版），2010，43（1）：155.

人民群众是否愿意主动在生活中接近、感知、体悟、践行主流意识形态，进而直接关联到主流意识形态传播的效率和速率。同时，又由于主流意识形态往往注重理论化的表达、系统性的阐释，对于普通民众来讲很多时候就显得过于抽象、晦涩难懂，有拒斥感，客观上要求要在主流意识形态内容上注入生活化的气息，让传统的以线性逻辑表达的主流意识形态形象化、生活化，使之具有通俗性，便于人们的理解。新时代我国正在加强主流意识形态传播内容的打造，非常注重把主流意识形态的理论化内容进行视觉感性转化，并以日常生活为基本传播场域，通过形象设计、视觉符号表达，把先进性的内容以通俗化的方式进行感性传播。

（2）向"软传播"方向转化

当今时代是一个信息爆炸的时代，媒介技术不断迭代，信息传播更快更广。传播客体能够接收到多方面的信源，并可以借助便捷的媒介工具快速地检索自己想看到的信息，而且在大数据的助力下，各种 App 还会根据个体的信息消费习惯推送相关信息，如此一来，传播客体不再是被"传播魔弹论"所言说的那样，只能消极被动的被信息"击中并灌输"。在各种信息裹挟之下，传播客体网络参与行为更为活跃，会根据掌握的信息做出一定的价值判断，传统的说教和强势灌输受到挑战，需要积极顺应传播的变化特点，以平等对话的态度在官方与群众之间搭建交流平台，多谋并举、软硬相济才能取得更好的主流意识形态传播效果，最大程度上凝聚社会共识。实质上，"硬传播"和"软传播"是相对而言，都是主流意识形态传播的方式。主流意识形态的"硬传播"偏重于官方主导，是传者用规范统一的权威话语和内容进行强制性的自上而下的意识形态灌输，受传者接受的方式是被动式，而且面对传播内容没有阐释权；顾名思义，主流意识形态"软传播"更加柔和，以浸润的方式潜入人们头脑，更容易被人们接受。新时代为主流意识形态软传播提供了机遇。一方面，新媒体技术的发展推动了各种自媒体平台的兴起，使得传播在时间、空间上都得到了扩展，传播的辐射力和渗透力相较于过去得到了极大的提升，为主流意识形态软传播创造了条件；另一方面，新媒体技术平等交互性和视觉融合化提高了主流意识形态传播的交互力和亲和力，主流意识形态的视觉转化更富有冲击力和震撼力，能够更好地达到意识形态询唤的效果。作为富有权威性的主流意识形态理论体系，只有进行感性合理转换，更具亲和力才能走进民众内心。可见，主流意识形态"软传播"的指向必然是"感性"的。

4. 传播媒介发生新革命

（1）网络媒介对传统媒介的颠覆

媒介是信息传播的载体、工具、渠道，"媒介即信息"，媒介形式决定媒介内容。在人类历史发展长河中，传播媒介也在一直进化，从最初的语言到文字再到印刷，到如今占据主导地位的电子媒介、网络媒介，而电子媒介和网络媒介的视觉性优势尤为突出。当前社会，媒介融合不断加速，媒介平台化、多样化为主流意识形态传播奠定了更好的基础和条件，特别是互联网发展更是为主流意识形态传播提供了广阔的宣传空间，引发了新一轮"媒介革命"，尤其是网络传播的出现，极大地动摇了传统媒介的地位。网络媒介作为一种"双向型、去中心化"的"新型互动融合型媒介"，与传统媒介固定传播主体的方式不同，网络传播中的传播主体和传播客体不仅处于更为平等的地位上，而且可以意义互换，传播客体可以成为信息的传播者，传播主体也可以成为信息的接受者。在这种情况下，网络媒介成为新时代主流意识形态传播极为重要的渠道。新时代主流意识形态传播正在进行媒介革命，过去一元的传播媒介结构已经被打破，取而代之的是积极利用网络媒介，提升视觉传播力，取得更好的感性传播效果。

（2）媒介融合下的视觉立体传播成为趋势

主流意识形态传播是一个长期的过程，要根据时代变化特点及时进行调整。因此，单单依靠任何一种传播媒介都无法取得理想传播效果。面对媒介多样化的局面，主流意识形态传播需要加快推进全媒体建设，打造融媒体中心，整合传统媒体（比如报纸、电视、广播、户外广告等）和新兴媒体（比如两微一端）的优势，强化视觉立体传播，提高传播的覆盖力，以此构建一个全方位立体的传播结构。一方面，要发挥传统媒介权威性和公信力强的优势。喻国明主持的"中国大众媒介的传播效果与公信力研究"的研究结论是，相对于报纸、网络新闻、新闻类杂志与广播而言，电视是当时中国公信力最高的媒介。[①] 传统媒介公信力强，通过传统媒介传播的价值观更容易受到人们的认可和接受，能够保证传播的深度。另一方面，要发挥网络媒介传播便捷、辐射面广的优势。随着互联网的迅速发展，中国网民数量急剧扩大，截至 2021年 12 月，中国手机网民规模达 10.29 亿，其中网民使用手机上网的比例达 99.7%。庞大的网民数量使得网络媒介传播的覆盖率能够大大提升，而网络媒介又使短视频等视觉媒介占据极大的传播优势。因此，各取所长，整合传统媒介与网络媒介的优势功能，建立一个视觉立体传播综合媒介体系，从深度与广度上推进主流意识形态传播，是新时代主流意识形态传播的重要路径选择。

（三）"世界被把握为图像"——社会各个层面的视觉化

现代生活离不开无所不在的广告宣传、形象设计、移动视听、网络视像，电影、电视、自拍等更是融入日常生活，甚至成为生活的一部

---

① 喻国明，张洪忠. 中国大众传播渠道的公信力评测：中国大众媒介公信力调查评测报告系列［J］. 国际新闻界，2007（5）：29—34.

分。人们在"观看"中认识世界、发现世界、构筑世界。视觉文化作为一种文化形态在哲学、社会学、传播学、美学等诸领域都引发了研究热潮。1980 年代以来，视觉文化作为一种新的文化形态开始在我国流行起来。视觉为主因（特别是影像）占据了文化的主导地位，视觉文化的内涵和深刻性已经远不是潘诺夫斯基（Wolfgangk H. Panofsky）聚焦艺术图像的"图像学"，而是开启了现代传媒景观的新起点——世界图像时代，"'世界成为图像'这件事情本身，就标志着现代之本质"①，即"世界被把握为图像"；社会越来越倾向景观社会（德波），拟像与仿真〔鲍德里亚（Jean Baudrillard）〕充斥生活空间，视觉形象唤起了集体情感上的塑造性力量（米歇尔②）。有别于语言和文本为主因，如今社会各个层面彻底视觉化，我们生活在由图像、视像、拷贝、复制、仿像、幻象乃至幻想主导的文化中。视觉文化的发展与中国社会以下发展变化紧密关联：印刷文化的式微、视觉技术的革新、消费社会的发展、注意力经济的崛起在大众文化传媒中充分融合，最终都汇聚在视觉文化上来。

1. 印刷文化的式微

"改革开放之前，中国社会的主要形态还属于印刷文化"③，主要以报刊、书籍等印刷载体为主导媒介进行信息文化传播，体现的是文本思维。文本则以文字为基本信息符号，由词语、语句按照一定的语义、语法串联形成，并且在遣词造句、谋篇布局等方面有一定的内在逻辑，讲究字词、语段、章句的演绎以及在概念、判断、方法、理论方面严密的

---

① 〔德〕马丁·海德格尔. 海德格尔选集〔M〕上海：上海三联书店，1996：885—923.

② 参见 W. J. T. 米歇尔. 图像理论〔M〕. 英丽英，译. 重庆：重庆大学出版社，2021.；W. J. T. 米歇尔. 图象理论〔M〕. 陈永国，译. 北京：北京大学出版社，2006，把 W. J. T. Mitchell，翻译为米歇尔，与前文视觉文化引证稍有不同。

③ 周宪. 当代中国的视觉文化研究〔M〕. 南京：译林出版社，2017：13.

逻辑操作。在文字方面，汉字从象形到指事等阶段的演化以及拼音字母的应用，加上白话文以来西方外来词、新概念的外入，让汉字加剧了与形象思维的远化，进一步舍弃了"事物的形象"，步入语义化、概念化的文本思维轨道，所以汉字文本书写是线性逻辑。"印刷文化的线性逻辑，不仅是因为其文字的书写是线性的运动，而且其文本由字、句、语段再及文本的结构方式也是线性地推进的，进而由概念的运动形成判断，由判断的运动形成推理，由推理再构成思想系统这样的语言—思维演绎还是线性递进的"①。文本中的字、句、语段、概念之间保持稳定的语义关系，使得文本建构起承转合始终有个中心命题维系，线性思维无论如何交织回旋都不会断裂和中止，形成有序的纲目互制的思想系统，整个认知结构严密有序，从而融入了逻辑公则的抽象字符体系才能让文本在舍弃情境、语境下获得可解读性②。印刷文化作为一种思维方式也就具有了抽象性和线性的逻辑，承载内容的书面语言高度抽象、高度语义，表现出严肃性和内在的理性化特征。

"文字把人们的现实生活映射成纯粹的线性结构，把人们带到一整套相互联结的事实背后。"③ 具体的、立体的、情感的信息获取被忽视，客观上造成与生活形成一定程度的隔离。最终，印刷文化建立起与分类、推理和判断认知结构一致的科学的理性认知图式。不仅如此，"任何媒介对个人和社会的任何影响，都是由于新的尺度产生的；我们的任何一种延伸，都要在我们的事务中引进一种新的尺度。"④ 印刷文化为

---

① 胡潇. 媒介认识论 [M]. 北京：人民出版社，2012：391.

② 胡潇. 论印刷文化的逻辑构型：关于文本思维的语言分析 [J]. 广东社会科学，2002（5）：39—43.

③ 王怀诗. 电子文化对印刷文化的颠覆及其伦理影响 [J]. 兰州大学学报（社会科学版），2007（4）：61.

④ [加] 马歇尔·麦克卢汉. 理解媒介：论人的延伸 [M]. 何道宽，译. 北京：商务印书馆，2000：33.

知识生产、传播建立起的现代标准，扩展到现代社会管理上，自然就促进了现代社会分工基础上的专业化和标准化，从宏观的社会层面促进了现代理性意识被奉为圭臬。

改革开放后，特别是 1990 年代以来，网络、电影、电视崛起，视觉媒介广泛渗透到日常生活、社会生活、国家生活之中，视觉超越其他感官显现出主导性力量，视觉性的凸显使得视觉图像或影像成为意义生产的场域，乃至成为新型的塑造社会的权力。视觉文化作为一种现实的思维直观，以感性而又具象的形态冲击着印刷文化，尤其是影像其逻辑架构和呈现方式更为情境化和生活化，传播的内容更为直观立体，能够跨越受众年龄、民族、文化程度高低等外在条件，传递文化及潜隐其中的价值观念。影像听从生活、遵循情境构筑了现实生活中人与外界世界关联的主要方式，文字叙事被"用图像说话"所影响（替代）。

2. 视觉技术的革新

感官特别是视觉是人类认识世界的基础，"视觉为人类一切感觉中最有势力的，其次为听觉"①，视觉技术不断满足人们再现现实的冲动。视觉媒介进化沿着人性化趋势（anthropo-tropic）突进，在符合人类感官生理特性的基础上持续强化复制世界的技术能力，电视、电影、海报招贴、广告、游乐园等人造景观在日常生活中早已司空见惯。如今我们已经步入到 5G 网络、移动互联的新兴媒介技术时代，视觉设备集成生物学和计算机等多学科优势，通过人工智能、光学成像、传感控制等技术整合，形成移动化、一体化等优势，能够自动接收、处理图像信息，符合应用的个人化和社交化，极大地便于图像或者影像的生产、呈现、观看、储存和传播。人们的日常生活被这些技术环境所浸润，全景直播、全息影像、虚拟现实、增强现实等高度智能化的视觉拓展模式塑造

---

① 张耀翔. 感觉、情绪及其他［M］. 上海：上海人民出版社，1986：136.

了新的感官世界，通过这些视觉装置，人们得以感性地审视和把握世界。视觉技术的数字化应用更是推高了上述态势，通过受众对网页、视频等图像和影像信息的点击、停留、回溯、观看时间等大数据留痕，可以清晰描画出受众的偏好，发现图像或影像数据交互效果，可以更为精准地推送相应的视觉信息，强化附着于视觉信息符号之中的内在规则和价值观念的传导，为意识形态传播形成新的洞见。

身体和技术的交互扩展了人的感觉器官，人本身成为了一种媒介，人的"身体"不局限于肉身而成为"现象身体"，传统的感觉经验、感受方式、时空界限都被打破，从前看不到、摸不到、觉不到的体验成为现实。"各种数据信息的可视化表达方式蕴含着一种新型的视觉观念与视觉思维"①，技术的进展在改变图像信息符号形态、传播方式的同时也改变人们的视觉感受与视觉思维。虚拟现实模糊了人工环境和现实世界，人们在虚拟实践中产生新的感性体验和社会关系，创设新的意识形态传播场景，其中沉浸式的交互和想象不断创建新的"自我"游弋于虚拟世界，并深刻影响现实世界，展现了人机交互深度卷入的体验图景。可见，由技术建构的"技术身体"② 不仅仅限于感官的延伸，并且身体和精神皆被卷入，超越"物质身体"之上形成各类情感和想象，昭示人的感性得以解放。这种视觉场景下的身体"在场"使得"视觉文化在'观看状态的精神动力学'下赢得了极大的社会发展空间。"③还需注意到的是，视觉符号针对受众的听觉、触觉等其他感觉"模拟现实"的能力还在发展，比如声音视觉化的"声临其境"产生的既视

---

① 于德山．新型图像技术演化与当代视觉文化传播［J］．现代传播（中国传媒大学学报），2018，40（4）：23．

② 杨庆峰．物质身体、文化身体与技术身体：唐·伊德的"三个身体"理论之简析［J］．上海大学学报（社会科学版），2007（1）：12—17．

③ 孟建．视觉文化传播：对一种文化形态和传播理念的诠释［J］．现代传播，2002（3）：3—4．

感能够激活个体情感，强化情感变现能力，对于新形势下的主流意识传播具有很强的实用价值。

3. 消费社会的发展

消费社会指的是用消费而非生产来解释社会，即消费走向台前并超越生产驱动经济社会发展；同时社会各阶级阶层对"物"的自然属性的消费过渡到对符号的消费，并逐步成为社会的风尚和人们的主要生活方式，消费成为一种社会景观。按照鲍德里亚的观点，消费社会就是"一个符号编码和符号支配的社会"，这是对资本主义社会商品极度丰富，生产矛盾凸显的情况下的一种经济社会批判。在消费社会，生产过程日益与制造消费过程一体化，消费就具有了生产的性质，并获得了前所未有的权力：一方面，消费意识形态通过形象到符号象征的意义联想完成了对日常生活的渗透；另一方面，消费者能动的解码同时也达成了对生活和社会的个体化理解和建构。

显然，消费社会的表征是生产力发达，物的世界膨胀并相对过剩，消费的意义大于生产，西方发达资本主义国家从商品拜物教走向符号拜物教下。随着改革开放的推进，中国的生产力有了较大发展，目前已经进入高质量高效益发展阶段，我国社会的主要矛盾也相应发生了转变——从"人民日益增长的物质文化需要与落后的社会生产之间的矛盾"到"人民日益增长的美好生活需要与不平衡不充分的发展之间的矛盾"，中国民众的购买力大大提升，消费热情高涨。尤其值得一提的是，在 2019 年中美贸易摩擦以来，外贸出口被打压的情况下，我国迅速做出回应，提出"以国内大循环为主体，国内国际双循环相互促进的新发展格局"，统一国内大市场，扩大国内需求，拉动新消费，推动新发展，成为大循环的战略基点。新常态下，消费被赋予更多的意义。

那么，我国是否已经步入了消费社会？答案很显然，我国并不是西方发达资本主义国家类型的消费社会，但"我国已经有了明显的消费社会特征"①②③④，或者说我国正进入有中国特色的消费社会。主要原因有：一是改革开放40余年来，在中国特色社会主义市场经济体系下，消费必然是经济发展的重要支柱，在此期间，中国已经奠定了雄厚的物质消费基础，市场繁荣、消费升级，中国社会整体上显露出欣欣向荣的消费社会景象；二是在经济全球化的过程中，中外交流频繁，西方商品流入的同时带来了西方消费价值观念，助推了中国社会消费文化的西化，一定程度上激发了民众的消费欲望；三是在市场经济发展中，有一批人抓住了改革开放的红利，成为先富起来的那部分，其中有部分"暴富者"率先掀起消费浪潮，买豪车、住豪宅、戴名表，极大地影响了社会上的消费心态，发家致富然后"买买买"，在消费中彰显"成功"和"自我"成为社会上很多人追求；四是在中国不断推进的城镇化过程中，城乡差别不断缩小，大量的农民进城，城市消费观念和消费模式带入到广阔的农村，中国消费社会在农村的形成已经具备一定的条件；五是网络支付的便捷、社交媒体的兴起、各种网络促销比如"海淘""双十一"等都推动了中国消费社会的兴起。可以看出，随着经济的不断增长，中国已经摆脱了商品短缺时代，取而代之的是社会商品极大丰富，必须不断扩大内需刺激消费才能更好地促进生产，达到经济的良好循环，甚至一部分社会成员的消费开始从注重使用价值过渡到更为

---

① 周宪．视觉文化与消费社会［J］．福建论坛（人文社会科学版），2001（2）：29—35.

② 孙凤，张逸潇，肖经建．符号消费行为研究［J］．山东大学学报（哲学社会科学版），2012（3）：16—23.

③ 郑红娥．消费社会理论反思与中国消费社会的建构［J］．天津社会科学，2006（5）：59—62.

④ 王纵横．哲学与当代中国的消费社会问题［J］．北京大学学报（哲学社会科学版），2015，52（6）：36—41.

注重符号象征的个体彰显，也就是王宁提到的"从'苦行者'社会到'消费者'社会"的变迁①，广告媒介和技术的发展推高了这种消费符号发展的趋势。所以，我们可以这样理解：中国的消费社会是中国推行市场化改革的结果，"消费者—市场—国家"② 治理框架给予其相应约束，在其基础上形成的消费主义。正如王宁所述："消费主义是国家让渡的后果，是国家用其经济让渡换取居民政治让渡的产物，也是国家出于经济主义目标而借助经济政策对居民消费欲望加以刺激的结果。"③所以，我们不能以负面性的炫耀性消费和消费主义的西方文化主导权来全盘否定我国的消费主义，而应该更为客观地"把我国消费主义看做是市场化转型以后出现的一种'准大众化'生活方式和主体意识"④，既是物质生活性需要也是文化需要和社会发展的需要，消费文化的内涵建设应该是要面向美好生活的。

如上，消费主义具有其存在价值和理由，"是对个体存在价值的肯定，是追求平等的文化权利，也是对人们享受当前生活的鼓励，它从情感的、人文的、非理性的角度，鼓励人们不再承受神圣的统一性、整体性、普遍性的重压……"⑤。

在现实中，消费文化往往迎合个体舒适的感性愉悦，通过感性的视觉形象比如广告、外观包装和设计、偶像代言所传导，特别是电视、移动视频等影像的发展更利于普通民众的感官娱乐和感性释放，以直观

---

① 王宁. 从苦行者社会到消费者社会 [M]. 北京：社会科学文献出版社，2009：310.

② "消费者—市场—国家"构建的社会治理框架。参见：刘新宇. 面向美好生活：转型期的消费文化与社会治理 [J]. 浙江师范大学学报（社会科学版），2021，46（6）：86—93.

③ 王宁. "国家让渡论"：有关中国消费主义成因的新命题 [J]. 中山大学学报（社会科学版），2007（4）：6.

④ 吴金海. 对消费主义的"过敏症"：中国消费社会研究中的一个瓶颈 [J]. 广东社会科学，2012（3）：214.

⑤ 林升梁. 消费社会的身份认同与价值重建 [J]. 新闻大学，2013（1）：112.

的、不加解释的、感受式的视觉体验满足个体隐藏在内心的"享乐"式的感性欲望，我们可以从电视新闻叙事风格上感受这种变化，"尽力使硬新闻软化……走新闻故事化、平民化的道路"①。人们消费商品的同时也是接收商品符号意义的过程，视觉形象消费总是和价值导向产生勾连。因此，我们必须关注民众的日常经济生活，不仅是在物质消费领域，还要在非实物形态的文化消费领域，通过日益丰富、各式各样消费现象洞悉民众的内在精神状态，深刻理解"消费是一个系统，它维护着符号秩序和组织完整：因此它既是一种道德（一种理想价值体系），也是一种沟通体系、一种交换结构"②，敏锐地察觉消费的感性表意实践，引领消费领域符号的意识形态，防范私人空间的商品消费和文化消费被低级欲望和有违社会主义核心价值观的形象符码所操控，建立与美好生活相符的健康的消费社会。

4. 注意力经济的崛起

当今社会是一个信息极度丰饶的社会，我们难以获得有效信息的原因不是信息太少了，而是冗余信息太多了，导致选择性困难。在信息爆炸时代，注意力成为一种稀缺资源，谁获得了注意力，谁就获得了流量，从而也获得了影响力和包括经济在内的各种效益，即注意力形成价值，以此形成了注意力经济的通用概念。如果说工业时代追求的资源是资本，那么信息时代追求的就是注意力，新经济模式就是注意力经济模式。

注意力属于个体潜在的意识倾向，难以度量，主观性强，更多的表现为精神层面需求，与个人私密化的爱好、愿望、心情有关，具有从众

---

① 徐瑞青. 电视文化在消费社会中的新形态和新走向 [J]. 清华大学学报（哲学社会科学版），2007（5）：121.

② ［法］鲍德里亚. 消费社会 [M]. 刘成富，全志钢，译. 南京：南京大学出版社，2001：49.

的特点，容易受到他人和群体的影响。认知心理学也发现，人的大脑对信息有一种随意的平行加工模式，例如可以一边走一边看，信息纳入处理具有发散、联想特征。视觉艺术构建的符号体系由于视觉化的感性直观，降低了获取信息的门槛，如果面向分众在内容和形式上又进行了相应定位和创新，那么就更容易保持信息的新鲜感和冲击力，从而在注意力表达和传递方面取得优势，吸引目标对象的注意力进行情感交互，引发合目的性变化并取得认同感。

随着经济不断发展，人的高层次精神性需求也越来越多。网红经济就是注意力经济的一种形式，通过感性形象的直播满足人的交往需求和情感交流，得到自我价值的承认和充实以及获取可观的经济收益。为了取得规模化的优势，催生了引流的"文化产业"，通过形象生产和包装，打造头部网红产品。以网络直播为例，为吸引受众，主播们各显神通，在视觉化、参与式的身体虚拟在场交流互动中，"以形象、符号为基础的感性的整体认识，并会直接支配人们的消费行为"①。可见，网络直播的情感式交流及消费，是感性话语对理性话语的胜利。由此我们可以知道，在网络消费特别是精神性的文化消费中，赚取注意力是关键一环，提升注意力的情感化能够提高消费者的参与度和认可度。网络直播特有的互动仪式和空间感不断形塑和强化价值观念的传播，让观看者或者消费者产生更高的忠诚度和依赖性，增加主动参与的热情，提高商品（传统物质商品和文化商品）复购率。这些现象级的网络虚拟实践和经济模式是新时代加强主流意识形态传播难以回避的现实，甚至我们可以这么认为，只有吸引注意力，提高曝光度，主流意识形态才能更好地引领网络空间，才有更高效率的传播前景，这是注意力经济给我们的

---

① 王艺璇，安真真. 注意力经济：电商直播中消费者注意力的生产与控制 [J]. 中国青年研究，2021（2）：17.

启示。

## 二、我国主流意识形态传播的感性选择

全面宣传学习贯彻习近平新时代中国特色社会主义思想是第二个百年新征程上全党全国极其重要的政治任务，这是我国主流意识形态传播急需提高效能、进行传播模式革新的政治动因；印刷文化的式微、视觉技术的革新、消费社会的发展、注意力经济的崛起在大众文化传媒中充分融合，形成了极富冲击力的视觉文化，再加上主流意识形态传播内在要素发生的变化，这是我国主流意识形态传播变革的现实基础；马克思的感觉观是其理论依据。这种以感性视觉为主因的文化形态与主流意识形态传播产生了极富张力的勾连，形成了主流意识形态感性传播的新模式，区别于以往的主流意识形态传播的理性化传统，能够弥补其存在的缺陷，挖掘长期以来在主流意识形态传播理论和实践中（特别是理论探讨较少）所忽略的感性的功能与力量，意欲破除主流意识形态传播精英主导和大众化需求之间的矛盾，把主流意识形态传播从政治空间渗透进入普通民众的日常生活空间，真正实现主流意识形态传播的走心走实。

### （一）感觉在自己的实践中直接成为理论家

马克思在《1844年经济学哲学手稿》中提出"感觉在自己的实践中直接成为理论家"的论断，这里的理论家不是具体的而是泛指探求人与世界本质的理论家，"成为理论家的感觉"必须是"感觉被释放出来"。马克思充分肯定了人的感官是人的本质力量的表征，他从对象性存在物来理解视觉等感官在认识中的作用，同时把人的感官需要置于历史和实践的逻辑下去考察，"人对世界的任何一种人的关系——视觉、听觉……总之，他的个体的一切器官，正像在形式上直

接是社会器官的那些器官一样，是通过自己的对象性关系，即通过自己同对象的关系而对对象的占有，对人的现实的占有。"① 人的感觉不仅是生理学意义的感觉也是"人的本质"的感觉，感官需要和精神愉悦是相通的。"只有在'人的感觉'看来，对象才是'人的对象'；只有在'人的感觉'看来，对象才既是人之外的感性存在，又是人的'感性本质'。"② 从而，"人的感觉"确证了人的自然、人的社会的本质，并与人的精神相通。

人的感觉是感性实践产生的意识，没有感性活动就没有感性直观，正是通过感性实践，感性直观才有了实践直观并上升到理论直观，否则就无法揭示现实。从这个意义上来讲，"感性必须是一切科学的基础。"③ 人的感觉还具有"内在丰富性"，可以在对象性的活动中能动的创造和丰富包括可塑性很强的社会感觉在内的感觉，这种现实性的体验"指向内心时就形成情感、意志、认知三维同体的心理活动，指向外在对象时就形成感觉"④。总之，五官感觉（也称为官能感觉）在对象性实践中生产出来，不仅如此，更高层级的感觉——实践感觉和精神感觉也发展起来，人在全部感觉中确证为理论家。

## （二）我国主流意识形态传播理性化传统及问题

传统上，我国主流意识形态无论是依托报纸、杂志、图书等传统媒介还是电视、网络等新兴媒介进行传播，传播主体主要是以党和政府为

① 中共中央马克思恩格斯列宁斯大林著作编译局. 马克思恩格斯文集：第 1 卷［M］. 北京：人民出版社，2009：189.

② 张青卫，王帅. 感觉可以直接成为理论家：对马克思《1844 年经济学哲学手稿》的一种新理解［J］. 哲学研究，2015（10）：28.

③ 中共中央马克思恩格斯列宁斯大林著作编译局. 马克思恩格斯文集：第 1 卷［M］. 北京：人民出版社，2009：194.

④ 陈瑞丰. 马克思主义双重感觉理论及其现实意义［J］. 毛泽东邓小平理论研究，2020（7）：59.

主，强调严谨的内容设计、正统的伦理指向、周密的组织安排，话语形式往往偏向于理论化、抽象化的表达，理性化是其主要特征。

严肃宏大的主流意识形态话语叙事在"国家—政党—社会"一体化格局下，通过军队、学校等机关企事业单位的单位传播可以得到很好的贯通，而在社会自主性不断增强的当下，视觉文化不断弥漫到日常生活层面，受到挑战并体现出其局限性。

1. 局限之一：不平衡性——难以兼顾群体和个人

在现实中，随着我国经济社会深度转型，不同社会群体的社会心理、精神状态、价值取向，对民主政治的期许都存有一定的差异，即便是同一群体的民众之间也存在不同的物质和精神诉求。但是，以党和国家为传播主体的主流意识形态理性化传播从整个制度安排到各阶段实施环节均是遵循社会各个群体对主流意识形态接受的普遍性和规范性原则来设计，其出发点是面向群体的而不是个人的，这样就在一定程度上忽略了个体性，客观上造成个体的鲜活性和主动性的挤出效应，从而难以保证传播的效果。比如青年人和老年人之间，乃至个体的不同阶段，其需求和兴趣点都有不同之处并在不断发生变化，单纯的主流意识形态理性化传播难以摆脱上述不平衡性，结果是导致主流意识形态的包容力也会受到削弱。

人的现实生活是感性的，纷繁复杂的个体构建了多样化的社会现实。人的感官具有实践性的功用和观念性的功用，个体的情感趋向性来自长期的生活积淀和一定文化的影响，这些更多是朴素的、感性的，不是逻辑推理的结果。因此，个体对主流意识形态的感性体验产生或正向或负向的情感认同。"一种价值观要真正发挥作用，必须融入社会生活，让人们在实践中感知它、领悟它。要注意把我们所提倡的与人们日常生活紧密联系起来，在落细、落小、落实上下功夫。"① 感性传播注重日常生活感觉，能够弥补主流意识形态理性传播清晰规范之外的"在日常生活感觉里隐藏的最深的真理"。

2. 局限之二：理想化——预设与结果的冲突

主流意识形态理性化传播不管是借助传统媒体还是新媒体或者融媒体，都存在一个理想化的预设，即通过合理的、技术化的操作，或者在主体、内容、手段、环境各方面下功夫就能够达到很好的传播目的。为此，在主流意识形态传播的思维、实践、技术方面，都存在一个趋向，那就是理性选择是强大而有效的，比如可以依赖于技术的发展而获得更高的传播效率，技术在主流意识形态传播的制度设计里面取得了当然的地位和合理性，在技术主导之下，一切感性的体验都被格式化、抽象化，理性物化最终形成工具理性。上述结果都是理想化的推导，但主流意识形态传播的对象是无数活生生的个体，作为一种价值观传播，有无数难以量化的情绪和态度在发生着作用，能否提供精神寄托，能否产生价值共鸣，从问题出发、从概念判断并不一定就能得出确凿的结果。不可否认，主流意识形态理性化传播具有极大的合理性，但这个合理性是相对的，因为其无法把握个体微妙的感性世界，即便主流意识形态传播覆盖率高也无法以之去印证个体内心真正对主流意识形态的接受程度。

3. 局限之三：唯一性——与日常生活疏离

主流意识形态的理性化传播没有充分发挥感性认识在认识中的基础性作用，本质上还是强调理性认识的"唯一性"，忽视了感性的功能和价值。实际上，"人们总是会自觉或不自觉地被复杂问题的简单解释所

---

① 习近平. 习近平谈治国理政：第1卷 [M]. 北京：外文出版社，2014：165.

吸引"①，在利益诉求多元、信息高度膨胀的当今时代，主流意识形态展现出一幅权威、严谨、庄重的形象，表现为系统化的理论体系，一些政策宣讲和学术界的阐释也偏向理论化，这样一来，主流意识形态与普通民众的日常生活之间就会产生较大的疏离。从马克思主义的实践认识论可以知道，没有感性认识的基础，是不能达到理性认识的飞跃；同理，没有感性的认识，主流意识形态就难以吸引群众的注意力和兴趣，就不能在具体的日常生活空间落地生根，作为主流意识形态的马克思主义也就不能被群众真正掌握。可见，主流意识形态的理性化传播是不能脱离个体的感性冲动、热情和需要，那么，在实践中必须破除主流意识形态理性化传播的"唯一性"，确立感性对主流意识形态传播的重要地位，打破精英化主导和大众化之间的矛盾。

4. 局限之四：封闭性——失去开放性品格

主流意识形态理性化传播也是一种内容传递观的传播，目的在于主流意识形态的大众化，并对群众的价值观念和行为产生正向影响。这种传播模式把主流意识形态作为传播的内容，其意义是确定的，能够自证自明。一方面，这确保了主流意识形态的正统和不偏离方向；另一方面，这客观上也造成了主流意识形态内容的封闭性，不利于主流意识形态的体验式发展。主流意识形态入脑入心，是需要体验和验证的。借用媒介仪式的概念，主流意识形态传播过程不仅仅视为信息发送或获取，而且还是参加一次神圣的仪式的过程。在参加这个仪式的过程中，不仅是主流意识形态的内容得以传递，而且在规则化的主流意识形态传播仪式程序中使特定的价值观和世界观得到描述和强化。那么，仪式过程是超越了封闭式的传播—接受链条，诉诸感性的

---

① ［俄］谢·卡拉-穆尔扎. 论意识操纵（上）［M］. 徐昌翰，译. 北京：社会科学文献出版社，2004：347.

过程。群众不仅接受主流意识形态，还在理性之外多维度的体验主流意识形态，验证并开放性的解码，以个体的主动性丰富主流意识形态样态和内容。

（三）感性选择——视觉文化视域下我国主流意识形态传播的必然之路

"现代文化正在脱离以语言为中心的理性主义形态，在现代传播科技的作用下，日益转向以视觉为中心，特别是影像为中心的感性主义形态。"① 以视觉为主因的视觉文化日益转向感性主义形态，与主流意识形态感性传播在关键的"感性"层面获得了一致性的认同。

正如商品是资本主义最基本的因素和细胞，形象是视觉文化最普遍的现象，最基本的单元。形象感性直观，具有可识别性，形象的识别也是人类基本的交流和传播方式。没有形象（尤其是媒介形象）及其生产就没有所谓的视觉文化。形象（image）一般分为物质层面和精神层面两种类型，在视觉文化的阐释框架里，周宪认为，"形象是由视觉感官所感知的视觉形象"②，不同于语言文字表达的"语象"，有图像、影像、景象三大类。图像是静止的、二维存在，例如摄影、广告；影像是流动的，尽管也是二维存在，但具有更为吸引力的动态性，其视觉表现的感官效果高于图像，典型的有电影、电视；景象是三维立体存在，包括雕塑、城市景观等。现代生活里，人们被三类形象所包围，无从逃逸，各类形象的消费无不贯穿感性的原则。在高度视觉化的文化里，形象成为一种权力、一种表演、一种仪式，不断被生产、传播、接受、反馈，透过这些流程我们产生认知，"看到"所谓的整个世界。在形象的

---

① 孟建．视觉文化传播：对一种文化形态和传播理念的诠释［J］．现代传播，2002（3）：1.

② 周宪．当代中国的视觉文化研究［M］．南京：译林出版社，2017：17.

编码和解码中，从形象到视觉表征的创变与重构中衍生出无穷的意义生产空间。在如何能看、看什么、怎么看的视觉性规定下，形象把抽象的概念塑造成感性的材料，这些视觉的感性直观建构了人们的认知和意识形态，即形象建构主体。

在主流意识传播中，形象用来传播和表达，形象本身不仅是传播介质，同时也是依托媒介而存在，媒介形象由此而生。在现代生活里，媒介形象横亘在人与真实世界之间，人们对世界的认知来自媒介形象的中介——成为思想和感知的必然路径，媒介形象还调节着大众的认知和情感关系，制造生活的幻象，达成权力的控制，从而通过感性的形象资源，完成意识形态的生产和传播。视觉文化视域下我国主流意识形态感性传播成为应有之义。

# 第二章 "看"的意识形态性——我国主流意识形态感性传播的内在逻辑

文化的内核是价值观念，因此，视觉文化必定承载一定的价值观念。在视觉文化成为当今社会显性的文化形态背景下，人们被"图像"包围并潜移默化地接受其蕴含的思想观念和价值体系。所以，从视觉文化形成和扩散的角度来看，主流意识形态感性传播就是主流意识形态内在的价值体系"视觉化"的过程；又由于视觉文化作为一种感性的文化形态，这种"视觉化"的过程自然也是从感性到"新感性"的发展过程。在视觉文化理论的框定下，视觉文化可以从"视觉"到"视觉化"的谱系来理解①，借用这个思路，主流意识形态感性传播就可以从这个"视觉化"的文化逻辑来理解，即自内核官能感觉——视觉出发，"看"现实的感性世界，继而沿着超越"肉眼所限"的视觉化进路，从"将不可见变为可见的"再到"影像化主导"，进而发展到仿真和拟像的"虚拟性"，最后形成"视觉性的弥散"。而由于"看"具有意识形态性，从而"看"—视觉化—意识形态的链条得以明晰，构成了视觉文化视域下主流意识形态感性传播的内在逻辑。

---

① 曾军.从"视觉"到"视觉化"：重新理解视觉文化［J］.社会科学，2009（8）：109—114，190.

## 一、"看"与感性

### （一）视觉感官的感性感觉

视觉的基本状态是看。人类生活离不开观看，观看与眼睛直接关联，眼睛的视觉对象是丰富多样、包罗万象的，从花鸟鱼虫、山川大海、星辰日月到人文风景、社会万象，眼睛让人类理解自我和世界。视觉相对于其他感官（听觉除外），能够一定范围超越距离的束缚，这引发了无数东方和西方先哲对"看"的思考，孕育了许多哲思妙想。眼睛如同太阳一样发出光的射流照亮心房，柏拉图如此认定视觉和太阳的关系，"在所有的感觉器官中，眼睛是最像太阳的。"① 达·芬奇也在充满天才奇想的《笔记》里为视觉高歌，"被称为灵魂之窗的眼睛，乃是心灵的要道，心灵依靠它才得以最广泛最宏伟地考察大自然的无穷作品。"② 铃木大拙称"眼睛是智性的器官"③。这已经有了"视觉中心主义"的意味了。

可见，视觉相对于听觉、嗅觉、味觉而言是人最依赖的感觉器官。感觉由感官产生，在拉丁语里的意思为"感官得到的东西"。作为五官之首的眼睛的"直观官能"也是感觉的内核和初级的阶段。康德把感性当作"直观官能"。④因此，感觉是感性的，各种感觉交互作用产生感性认识，人类的感性认识绝大部分来自视觉。视觉还能满足人类对智慧和心灵的追问，亚里士多德直言，"求知是人类的本性。我们乐于使用

---

① ［古希腊］柏拉图. 理想国［M］. 北京：商务印书馆，1986：106.
② 北京大学哲学系外国哲学史教研室. 西方哲学原著选读［M］. 北京：商务印书馆，1982：309.
③ ［日］铃木大拙，［美］佛洛姆. 禅与心理分析［M］. 孟祥森，译. 北京：中国民间文艺出版社，1986：91.
④ 康德把直观官能与感性联系在一起。参见：［德］康德. 逻辑学讲义［M］. 北京：商务印书馆，2010：443.

我们的感官，就是一个说明；即使并无实用，人们总爱好感觉，而在诸感觉中，尤重视觉。"① 即便是抬高灵魂，鄙视身体的感官满足，把灵魂与肉体对立起来的柏拉图，在《蒂迈欧篇》中依然高度肯定了视觉感性对智慧的功用，"在我看来，视觉是于我们最为有益的东西的源泉，因为如果我们没有见过星星、太阳和天空，那我们就不可能有用来描述宇宙的语言。"培根也说，"看不见的东西既然很少能观察到，或者根本观察不到，所以当视觉停止的时候，思考一般也就停止下来。"②在中国文化传统里，往往以体知的方式，以具体的视觉感知来思考和感知世界，来面对当下与未来；以观照的眼光来赋予、理解事物之间隐蔽的、蕴藉的难以被语言描述的意义；从而以当下的直观，仰观俯察，感应事物，从身体感觉出发进行形而上的思考，以达"道不远人""反身而诚""游目骋怀"。可见，视觉感官与人的高层次精神、感性想象、幻象、灵感紧密联系，与中国文化的感通性是有很大的关系，比如以大观小"登高远望"的时空意识和空间意识，以小见大（禅宗）、见微知著，启悟性的"触目会道"。可见，人的视觉在东方、西方的文化里都扮演了非常重要的角色。

视觉被认为是最重要的感官，是通过视觉活动，由刺激—反应的程式，外在事物与内在生理和心理结构相互作用发生关系，产生感觉。感觉有物质性和精神性的区分。感性材料的运用，感觉对象外在的颜色、形状、大小等可以刺激感觉主体，而内在的精神性感觉把握有两个关键：一是需要对感觉对象抽象性的把握；二是在于感觉主体的精神状态，关乎内心共鸣。因而，在官能感觉之外，还有精神感觉。精神感觉作为高层次的感觉，超越对感觉对象的直接把握，能够跳脱对感性的外

① ［古希腊］亚里士多德. 形而上学 ［M］. 北京：商务印书馆，1997：1.
② 北京大学哲学系外国哲学史教研室. 西方哲学原著选读 ［M］. 北京：商务印书馆，1982：344.

在形式之把握，比如情感、欲望、本能、颜色和形状等。从而抽象出感觉对象的内在性特质，促成精神感觉和感觉主体的精神相联通，在一定条件下，赋予感觉主体和感觉对象一种超越的精神文化和价值的意义。在官能感觉和精神感觉之间还存在实践感觉，通过感性实践验证感觉主观和感觉对象是否一致，形成感性经验。如此，我们就可以理解为什么视觉在官能感觉、实践感觉、精神感觉上处于极度重要的地位，也清晰视觉感官形成的感性感觉是如何达成价值的共享和意义生成。

（二）影像主导的感性形象

生物学意义的眼睛尽管能够跳脱一定距离的束缚通过"看"产生感觉，但还是受到生理限制和时空限制，以至于"不可见"，于是，视觉就有了"将不可见的变为可见的"冲动和需求。由于"形象"的相似性（形象与其指代物具有相像、类似的关系）在能指与所指之间建立起天然的关联，使"形象"能够被直接感知、接受和很好地理解，现实世界的不断形象化就成为理所当然，显而易见的是大众媒介也正是以视觉形象为主来传播信息。感知感性的"形象"便是感知世界，"真理与视觉"以感性"形象"为中介自然地融合在了一起。米歇尔和符号学的创始人皮尔斯（Charles Sanders Peirce）对此都有精辟的论述：前者在把形象概括成相似性（resemblance）时指出，"形象不应解作图画，而应解作相似性，是灵魂的相似性问题。"[①] 后者在把图像（形象）作为一种符号时也强调，"相似性是假定图像拥有同其所代表的对象的等同的性质，或是某些一致的元素。"[②] 因此，人"看"的主要是"形象"，脱离了形象，意识形态无从附着，视觉文化无从谈起，形象也必

---

① ［美］W.J.T. 米歇尔. 图像学［M］. 陈永国，译. 北京：北京大学出版社，2012：35.

② 韩丛耀. 图像：一种后符号学的再发现［M］. 南京：南京大学出版社，2008：125.

然成为视觉文化的基本单元。

在视觉文化研究视域内，形象被视为当代生活和文化的主要特征。① 形象确实也存在于社会生活各领域，米歇尔利用相似关系分类，把形象归为图像（比如画）、视象（比如投影）、感知形象（比如外观）、心象（比如记忆）、语象（比如描写）五类。② 周宪按照合乎视觉文化的逻辑把形象分为三类，即图像、影像和景象。③ 本书对"形象"的应用正是采用了此分类法，依据的是形象构成及其媒介特征来区划。"图像意指一切二维平面静态存在的形象……所谓影像就是指电影、电视等形象类型，也包括晚近随着数字化和影像技术发展而出现的各种网络视频。比较起来，影像与图像有诸多差异，最重要的差异当然是影像的动态呈现……所谓景象包括一切在三维空间中存在的立体形象。"④ 在"手工复制"时期，图像主要以绘画、书法出现；到工业化的机械复制时代，图像常见为广告和摄影及其基础上的印刷品；摄影术发明之后，照相机、摄影机促进了电影、电视的产生；数字技术的发展使得电脑、手机等媒介不断出现。在视觉化过程中，图像的静态性以及时间的延展和空间的限制不断被打破，逐步过渡到"流动的图像"（影像）形式。电视电影中的影像充分利用了视觉暂留原理，人们所"看"与真实生活所见基本吻合，人们乐于接纳这种形式的形象，再加上视觉与声音的视听结合优势在影像中也淋漓尽致地体现出来，能够极大地吸引受众的注意力，影像取得了形象的主导性地位，以电视、电影、网络等为代表的影像化传播顺理成章地占据了人们获取信息的主要渠道，成

---

① ELKINS J, NAEF M. *What is an Image*？［M］. University Park PA：University of Pennsylvania Press，2011：1-2.

② MICHELL W J T. *Iconology*：*Image*，*Text*，*Ideology*［M］. Chicago：University of Chicago Press，1987：9-10.

③ 周宪. 从形象看视觉文化［J］. 江海学刊，2014（4）：177—185.

④ 周宪. 从形象看视觉文化［J］. 江海学刊，2014（4）：180.

为反映、再现、建构社会的依据。

在心理学上,弗洛伊德(Sigmund Freud)把感性视为人的本能。形象是感性的,其中影像的表达更为感性直观。以"形象"为中心的感性主义,重点不在于影像本身,而是影像具有的时代隐喻以及现代人认知的"影像化"倾向。在现代社会,城镇化和工业化的发展让人与自然、人与人之间产生疏离,人的认知越来越多的依赖网络信息媒介。由于信息特别是视觉信息几何量级的暴增,而人的注意力是有限的,影像化的视觉信息符号由于感性直观、易于理解,更接近人的本能认知,所以容易被人选择性接收。在现代信息和影像技术的加持下,媒介终端简单并且功能多样,影像制作、储存、观看和传播也越来越便利,再加上现代社会个体内在价值的彰显,个体感性能动的影像创造就获得了源源不断的动力,个体更加主动地参与到影像的生产之中,让影像的生产和流通前所未有的繁荣起来,以至于形成吊诡的局面"人们不是在看屏幕就是在屏幕中被看见"。"摄影术发明后,人类才真正具备了影像传播的基础条件,人类的手不再参与图像复制的主要任务,从此这项任务保留给盯在镜头前的眼睛来完成"[1],这样的结果就是媒介形象构建了社会真实,甚至发展到极端的"诉诸情感及个人信念,较客观事实更能影响民意"的"后真相"出现。至此,影像就表现出说服性的力量。这种说服性的力量可以用来教化、引领观看者,使其产生影像传导的意识形态认同。例如现在很多政治视觉修辞中,政治信息的影像化表达具有很好的吸引力和接受效果,促成影像化的意识形态感性内化。更重要的是,影像的表征不断为人类提供新的意义模式,改变人们的视觉感受,慢慢让人们的思维视觉化,视觉思维变成现实的思维直观,打破

---

① [德]瓦尔特·本雅明. 迎向灵光消逝的年代 [M]. 许绮玲,译. 桂林:广西师范大学出版社,2004:59.

了传统上把思维和观看的区隔，正如阿恩海姆（Rudolf Arnheim）在《视觉思维》中写道，"没有哪一种思维活动，我们不能从知觉活动中找到，因此，所谓视知觉，也就是视觉思维。"[①] 影像的视觉性放大，强化了视觉对社会的重构。

### （三）虚拟的仿真与感性的解放

形象与真实的关系在不断演进，从"反映真实"到"掩盖篡改真实"再到"遮蔽现实的缺失"，最后"与任何真实都没有联系"，只存在于模拟秩序中。拟像就是鲍德里亚在《拟像与仿拟》里论证的"与任何现实都没有关系：它是它自身的纯粹拟像"[②]。数字仿真技术下的拟像由数字生成，这个过程称之为仿真，区别于图像的手工模仿和机械复制，拟像无现实指涉，也没有原本，在拟像那里，没有先与认识的"前认识"和"先验自我"，只是一个创造的脱离真实世界的"超真实"。当符号也不再表征现实，符号的能指就失去了应有的功能，与现实世界产生不了任何关联。符号的表征体系就被模型的拟真机制所替代，0-1二进制编码系统摇身一变成为数字时代新的造物主。用鲍德里亚的"内爆"概念来描述就是，拟像和真实（真实和虚构）的界限被内爆了。

人工智能和网络技术的发展促成了虚拟现实（VR）技术应用，该技术高度仿真现实情境，生成超真实的虚拟世界，强化以视觉为主导的多维感知深度挖掘，例如依赖图像处理和理解能力、仿真物体的深度和观察视差、生产视觉沉浸感，重塑人的生理感知，这种全知觉的身体体验是对人的感性解放和超验性开掘，赋予了身体表达的无限开放性。在

---

① ［美］鲁道夫·阿恩海姆.视觉思维［M］.滕守尧，译.成都：四川人民出版社，2019：19.

② BAUDRILLARD J. *Simulacra and Simulation*［M］. Ann Arbor：University of Michigan Press，1994：6.

VR 技术作为传播媒介时，能够满足"现实化"（actualization）与"人性化"（anthropotropic）的走向①，人机界面感知交流的沉浸式传播形成"如真反应"，对感官产生全方位的冲击，促成"共情效果"。因此，虚拟现实创造的是人机界面的新感性，其主要特点是虚拟，在虚拟的人—机互为感觉对象的数字化平台上形成特定的感觉，其虚拟性一方面表现为"假的真"，即虚拟的东西能够真切地感受到；另一方面为"真的假"，即虚拟的东西又是假的。总之，尽管感性对象是虚拟的，但能够逼真地感知并获得身临其境的感受，这种微妙的关系在机器与人的身体之间和谐互动中共建，在真实与非真实的切换中身体被重新激活，感性在 0-1 二进制编码的理性化中得以重新解放出来。

虚拟现实技术构造出一个全新的与日常生活交融并行的社会形态，近两年来火爆的元宇宙已经指向了这种虚实融合的传播生态。元宇宙不仅利用了虚拟现实技术，还融合了增强现实和物理现实的应用，把虚拟性和物理实现、人的心理需求，虚实之间的交互进一步提升，全面推动了人的社会交往和感性释放。更重要的是，元宇宙尽管是一个超大的虚拟空间，但其扩展性、交互性完全不能与之前的网络交往等同，它与真实世界的同步性、体验感是基本相似的，与肉身相连，所以不是一个完全的虚拟性，而是"在更大范围内生成了社会化媒体、现实社会与智能设施之间广义网络的连接，并通过广阔无垠的数字交流—行动，在共同调谐与演化着一种全新的数字交往文明"②。在未来发展上，元宇宙是要建立高度平行与现实世界的虚拟世界，人机共融的生命体验将更为深度地扩展人的视觉甚至衍生出"第六感"，"看"也取得了"超现实"的视野，实现虚拟和现实的感性无障碍切换。

---

① 史安斌. 作为传播媒介的虚拟现实技术：理论溯源与现实反思 [J]. 人民论坛·学术前沿，2016（24）：27—37.

② 杜骏飞. 数字交往论（2）：元宇宙，分身与认识论 [J]. 新闻界，2022（1）：66.

## 二、"看"的意识形态分析

### （一）"可视"的意识形态

视觉文化时代，意识形态不是以抽象的"崇高"而是通过"可视"来拉近与大众的心理距离，激发大众内心的感性冲动来获取支持，进行传播。感性的形象、虚拟的拟像占据人的心灵，大众在视觉文化的潜意识层面产生"无意识幻觉"，在"看"与"被看"两个维度完成了意识形态的生产和操控。从而外在的意识形态在主体的视觉行为和视觉思维中无意识就内化为必然性要求，人们在不知不觉中被视觉意识形态所俘获。另外，由于视觉文化所强调的"感性中心主义"，形象（包括虚拟的幻象）的呈现都是非常感性的，人们对其理解和接受不一定遵循各种"前见"，即形象可以直接反映内心感觉，与人的感性认识联系在一起，当接受者原有的价值观、认识观等"前见"被感性的视觉体验压倒时，伽达默尔（Hans-Georg Gadamer）所强调的"前理解"并不发生作用，也就是个体在无意识当中就实现了对图像（形象）的理解和意义生成。因此，以图像（形象）为工具的意识形态在视觉文化时代化为"可视"的意识形态，图像（形象）为意识形态服务获得了巨大的优势。"即使是在非洲最贫穷的角落里，黑人姑娘和小伙也会为美国电视剧中虚构的故事如痴如醉，对剧中金发碧眼的美国人心仪不已，对美国人的生活方式向往不已。"[①] 意识形态在视觉文化中潜移默化、悄无声息地完成了劝服和传播，可见，利用好图像（形象）开展意识形态对外传播和意识形态斗争是非常必要的。

"意识形态不是掩饰事物的真实状态的幻觉，而是我们的关于社会

---

① 陈文育. 关于图像时代的意识形态问题［J］. 南京师范大学文学院学报，2010（2）：73.

现实的（无意识）幻象。"① 对于统治阶级而言，只需要对"关于社会现实的幻象"把控即可完成意识形态的操纵。视觉文化的形象和拟像替代了真实和现实，人们习惯在这些"幻象"中产生对于现实世界的观念，在情感上得到释放和满足，视觉意识形态作为"可视"的意识形态构建了人对真实世界的认知，并且控制了人对现实的想象。"幻象将人从现实生活中抽离出来后将虚幻的生活图景置放在人们的眼前，将'人在生活中'变成了'生活在人的眼睛里'"②，从商品的视觉消费可以看出其中端倪，表面上，人们对自我选择和行为有自主性，而在实际生活中，"眼睛里"所看到的图像（形象）掌控了人的感性欲望，促使人们把图像所表征的观念或者商品当作"当然的和必须的"来接纳，在视觉文化无孔不入的当今时代，视觉符号充斥了我们的生活空间，创造了一个个商品幻象，于是商品意识形态通过人们的消费完成对社会的控制。

## （二）隐性的权力生产

意识形态生产是执政党加强主流意识形态传播，"思想掌握群众"以获得更广泛的群众基础的必然要求。在"绪论"中我们已经对"主流意识形态"做了清晰的界定，并对"主流"和"主导"进行了区分，我们明白，在社会场域，主导意识形态要成为主流意识形态，最终达成主导—主流—主导的转换，是不能完全依靠行政力量的强力赋予，也需要加强主导意识形态自身的建设，强化"意识形态生产"，让代表一定阶级和利益集团的特定观念和思想体系获得整个社会"普遍性"的形

① ［斯洛文尼亚］斯拉沃热·齐泽克. 意识形态的崇高客体［M］. 季广茂，译. 北京：中央编译出版社，2002：45.

② 陈文育. 关于图像时代的意识形态问题［J］. 南京师范大学文学院学报，2010（2）：70.

式，又总是以整个社会成员共有的"自然而然的"方式存在，即伊格尔顿所谓的"自然化和普遍化"① 过程。

权力生产是意识形态生产的核心，权力生产意味着对一定的社会规则的强化及对既有生活秩序的巩固，是隐匿于日常生活，更有渗透力的一种微观权力体系，意识形态作用于微观社会生活，以规范人们的社会生活方式维护既有的制度体系。视觉文化的产生改变了已有的社会生活实践方式，人们通过"看"的"感觉"确证人的自然、人的社会的本质，视觉文化的"意识形态生产"逻辑来自于此。通过视觉文化的个体询唤，以感性的方式克服宏观权力无法触及的柔软的内心深处，规训人们行为，达到理想中的社会控制效果。

于是，视觉文化就有了福柯"微观权力"的意味。福柯认为，现代社会除了政府、军队、法庭等国家机器的宏观权力，还有弥散的微观权力。相比强制性国家机器的宏观权力，微观权力更像一张绵密的网络，无处不在但又不在某处，更有渗透性，以更温和的方式融入日常生活的"无意识"中，不断强化统治阶级意识形态的合法性和普遍化，是一种构建社会的隐性权力规训。视觉文化凭依其直观可感的图像、影像、景观吸引大众的注意力，迎合大众的心理诉求和内心欲望，在媒介形象的中介下，进行广告轰炸、塑造偶像、制造奇观，不断拓展自身的叙事空间，取得了社会"代言者"的身份。进而，视觉文化符号体系把人的心理和社会现实结合起来，反映现实又建构现实，即米歇尔提到的视觉文化建构功能的两个方面："视觉领域的社会建构"和"社会领域的视觉建构"。视觉文化通过视觉实践来拓展感官经验，并以形象传播为中介进行社会关系的再生产，生产出微观权力无形的关系网络。因

---

① EAGLETON T. *Ideology*: *An Introduction* ［M］//REGAN S. *The Eagleton Reader*, Cambridge: Blackwell, 1998: 236.

此，"看"不是一个单纯的生理行为，而是蕴含了复杂的社会意义，人的眼睛不是被动地观看，而是积极主动地寻找，看自己想看的对象，"看制造意义，它因此成了一种进入社会关系的方式，一种将自己嵌入总的社会秩序的手段，一种控制个人眼下的个别社会关系的手段。"①意识形态通过视觉符号和媒介仪式对主体的建构，前提是意识形态把个体询唤为主体，这样隐匿的微观权力才发生作用。意识形态的微观权力对人的操控是全方位的，犹如福柯的全景敞视主义，只不过在这里换成了权力化的"视觉政体"。视觉文化的普遍日常生活化就是微观权力具体化，不仅改变人的思维和行为，更是建立了一系列的规范和标准，衍生出新的社会生态。

视觉文化的形象表意实践，离不开视觉性的视觉规范，蕴含了隐而不显的体制，隐性的权力生产贯穿于整个视觉表征的复杂实践，"我们如何能看，如何被允许看，如何去看，即我们如何看见这一看，或是如何看见其中未见之物"②决定了隐含的意识形态的差异。其一，视觉形象符号选择和运用就带入了生产者的意图和偏好，潜藏了生产者价值判断；其二，视觉话语的表达同样蕴含了"言说者"的价值观念，由建制性话语和批判性话语达成社会生产和生活的规范性；其三，在视觉技术上也显现出权力逻辑，例如在典型人物的宣传上，经常用暖色的视觉色调和柔和的画面、镜头的各种切换来凸显人物特征，达到以典型引领思想的效果；其四，视觉修辞形构了"沉浸"式的权力"劝服"结构，营造出"眼见为实"的在场感；其五，由于内在的意义是意识形态隐蔽的、决定其性质的根本，"在解释学看来，这种被遮蔽的意义实质上

① ［美］费斯克.理解大众文化［M］.王晓珏，宋伟杰，译.北京：中央编译出版社，2001：223.

② 周宪.当代中国的视觉文化研究［M］.南京：译林出版社，2017：34.

是一种权力意义"①，从而权力意义就是意识形态的内核。从视觉文化的角度来看，视觉文化弥散于大众的日常生活，这是权力意义隐蔽的场域。在人们的日常生活中，视觉文化调动视觉符号来构建意义，并以象征化的形式交换和共享意义，进而在社会生活的再生产中完成隐性的权力生产。

## （三）主体意识的视觉建构

"看"的意识形态分析最终是要落实到主体意识的视觉建构上来。犹如语言建构主体，视觉文化则是通过形象来建构主体。视觉建构包含"社会领域的视觉建构和视觉领域的社会建构"②，两者都强调社会性的视觉表意实践。那么，两者是如何实现的呢？从建构主义的角度，视觉话语是其实现的关键。按照福柯的话语理论，真理或者知识与话语紧密联系在一起，知识和价值总是用话语来呈现的；话语还是"展现秩序的符号系统"，表现为一种权力。从静态的一般原则和话语内部构成，动态的社会权力控制，视觉经验生产的实践来看，视觉犹如语言也是一种话语形态。视觉赋予视觉对象颜色、质感等可视化特征，把现实归入各种视觉形象之中，又通过颜色鲜暗、光线明暗对比、线条轮廓等视觉编码，以可视性、富有情感的、有冲击力的方式把视觉对象组织到视觉话语中去，从而视觉对象完美地被视觉话语所遮蔽，所以视觉比语言在话语表现上更直观、更具表现力，能够深刻影响认识主体的思想和行为，视觉展现出强大的意识形态建构能力。更为突出的是，视觉不仅在

---

① 从解释学视角看，意识形态具有两层结构：居于表层的是被合理化、自然化的"思想体系"，居于内层的是真正"意义"。被遮蔽的意义正是意识形态的内核，在解释学看来，这种被遮蔽的意义实质上是一种权力意义。参见：蔡正丽. 意识形态权力意义的解释学分析及其批判［J］. 安徽师范大学学报（人文社会科学版），2021，49（1）：41.

② 周宪. 视觉建构、视觉表征与视觉性：视觉文化三个核心概念的考察［J］. 文学评论，2017（3）：18.

感知上拔得头筹，而且在表达上异常抢眼，这双重功能易于在可见和可述之间转化，而且视觉话语秩序会在可感知和可表达中间进行过滤，从这个层面也说明了视觉话语独特的意识形态建构过程。可见，看并不就是用"纯真之眼"去观察世界。现代社会，视觉话语依托视觉技术的发展、消费社会和大众传媒的助力，对主体意识的建构尤显出色。

主体意识的视觉建构主要是以独特的视觉符号消费完成的。在视觉文化时代，人们消费越来越多的"视觉符号产品"，从传播学来看，在传者和受者之间进行的是"纯精神产品"到"精神消费品"的传播转换，没有现实实在性的视觉符号已经代替"实物"成为消费品，在消费中也就表现出从物的占有到符号的炫示，"消费者转变为观者"。通过生产和消费环节，视觉符号在现实生活中急剧扩张，"视觉文化对人的征服实质就是经济对人的征服"①。整个经济过程就可以理解为视觉符号传播过程，在这个过程中主体意识的视觉建构得以完成。视觉符号借助消费这个现代经济社会中必然的、基础性的活动，进入到个体的思想观念之中，正如居伊·德波所述的，"最抽象、最易于骗人的视觉，也最毫不费力地适应于今天社会的普遍抽象"②。生产者致力于"形象"生产，消费者消费"形象"，但生产者和消费者又相对应的具有传者和受者的角色和功能，通过能动性符号编码解码，在消费式的传播和传播式的消费中达成意义的生成。从这个层面上来理解，意识形态的传播与视觉符号的生产、消费、流通环节合二为一，结果是意识形态传播的感性化特征凸显出来，其表现形式、传播方式、传播途径异于传统的意识形态传播，要注意到的是视觉符号的生产、流通、消费结构与视觉体制关联。

---

① 孟建.视觉文化传播：对一种文化形态和传播理念的诠释［J］.现代传播，2002（3）：6.

② ［法］居伊·德波.景观社会［M］.王昭凤，译.南京：南京大学出版社，2006：6.

　　前文提到，视觉文化视域下我国主流意识形态的感性传播就是，依托视觉为中心的视觉文化符号传播系统，注重对主流意识形态的视觉形象转化，趋向感性主义的一种传播模式。这种传播模式在我国主流意识形态传播中居于基础性地位，能够最大化回应和满足人民群众对主流意识形态的感性需要，是超越理性传播的一种社会实践。那么主流意识形态感性传播就可以从这个"视觉化"的文化逻辑来理解，"看"作为人的一项基本官能，是自然的也是社会的，拉康（Jacques Lacan）的"镜像"理论告诉我们，人类的"看"是非常复杂的文化行为。从视觉感官的感性感觉，到影像主导的感性形象，再到虚拟的仿真与感性的解放，人们被视觉文化所包围和规训，视觉到视觉化的过程，也是感性到新感性的过程。"看"的意识形态性凸显出来，表现为"可视"的意识形态，即意识形态不是以抽象的"崇高"而是通过"可视"来拉近与大众的心理距离，激发大众内心的感性冲动来获取支持，进而进行隐性的权力生产，完成主体意识的视觉建构。至此，"看"—视觉化—意识形态的链条得以明晰，构成了视觉文化视域下我国主流意识形态感性传播的内在逻辑。

# 第三章　视觉文化视域下我国主流意识形态感性传播的运作机制

视觉文化时代既指向了人与外部世界的交流处于视觉媒介包裹之下的状态，同时也内在涵盖了主流意识形态感性传播涉及的基本场域、关键性载体或者中介、技术支撑，只有这样，主流意识形态感性传播框架才能得以成形。以此思路为起点，在梳理清楚视觉文化视域下主流意识形态感性传播的核心概念、内在逻辑，厘清视觉媒介技术对我国主流意识形态感性传播的具体影响，以及视觉媒介在视觉文化时代背景下的媒介特征等基础之上，探析以日常生活空间为基本场域，视觉媒介为载体，视觉技术为支撑的主流意识形态感性传播的运作机制，可以进一步深化整个项目研究的理论和应用构架。

## 一、以日常生活为基本场域

日常生活不证自明，似乎理所当然，作为相对隐秘而又常见、容易忽略的场域，却是一切生活的出发点和落脚点。日常生活不仅是个体基本存在依据，也是个体再生产的保障，离开日常生活也就不可能有所谓的社会生活。日常生活的感性存在是社会主义核心价值观落实、落细、落小的根基，意识形态的领导权、主导权、话语权直接取决于其与日常生活的融合程度。

## （一）日常生活的阐释

日常生活具有自然生产性、情绪性，通常被认为无关紧要，人类习惯于对日常生活司空见惯、熟视无睹、不屑一顾，特别是哲学理性对日常生活感性世界的遮蔽，掩盖了日常生活的本来面目。从 18 世纪的自然理性到 19 世纪的历史的真理，哲学的基础问题一直在进行自我批判，20 世纪的哲学革命就是把 19 世纪的历史理性转换到"生活的语言"，日常生活走向了幕前，哲学开始从抽象的思辨进入到具体的微观世界，把可能的生活与意义世界勾连起来进行考量。法国马克思主义批判哲学家昂利·列斐伏尔（Henri Lefebvre）在《日常生活批判》一书中提出了日常生活概念，"日常生活与一切活动关系密切，它涵盖了有差异和冲突的一切活动；它是这些活动会聚的场所，是其关联和共同基础……也正是在日常生活中，那些影响现实总体性的关系才得以表现和得以实现"①，其后发表的《现代世界中的日常生活》有了更为清晰的界定，把日常生活认为是一切社会关系生长的基础，也是一切活动的最终落脚点，是一种初级形态的、无穷无尽的、无处不在的弥散物。列斐伏尔把马克思的异化理论扩展到人类的日常生活当中，指出日常生活琐碎、重复必然导致异化充斥于日常生活，但日常生活是新革命的源泉。日常生活批判的意义在于个人的偶然小事蕴含了丰富的社会内容。在引导性消费占主导的"发达资本主义工业阶段"，消费代替生产，资本主义社会的意识形态控制转移到了日常生活领域。回到平凡个体的日常生活，重新关照并主导个体的日常生活是消除异化，使人成其为人的总体性革命。卢卡奇（Ceorg Lukacs）也意识到日常生活被技术和消费所把控，深刻认识到资本主义的物化意识完全占据了大众的日常生活。葛兰西从

---

① LEFEBVRE H. *Critique of Everyday Life*［M］. London：Verso，1991：97.

国家对市民社会的日常生活实施文化领导权角度，提出重视自发运动，利用好、领导好群众的自发运动以达到维护政权的目的。总之，上述西方马克思主义学者都提出要以非平庸的眼光看待平庸的世界，日常生活与每个人都息息相关，具有启蒙意义，意识形态建设必须关注微观世界的日常生活。东欧马克思主义者阿格妮丝·赫勒（Agnes Heller）从微观结构的"个体再生产""类本质对象化"等出发对日常生活的内涵进行了进一步的阐发。不同于上述日常生活思想的是，赫勒从个性伦理学角度揭示日常生活，以追求个性对过度宏观政治的补充，她把日常生活界定为"那些同时使社会再生产成为可能的个体再生产要素的集合"①。赫勒强调的是"个人存在"的再生产，日常生活是个体的再生产领域，是社会再生产的基础，蕴藏着无限的创造力。赫勒借用马克思的"类本质"概念，说明了个体再生产由自在存在变为自为存在的原理，从而论证自在的类本质对象化领域是归结在日常生活的。

我国国内学者大多认同日常生活的这个框定："旨在维持个体生存和再生产的日常消费活动、日常交往活动和日常观念活动的总称，它是一个以重复性思维和重复性实践为基本存在方式，凭借传统、习惯、经验以及血缘和天然情感等文化因素加以维系的自在的类本质对象化领域。"② 这是一种自在的、自发的生活状态，个体生存依赖于此，个体再生产源于此，同时也是所有社会活动和社会生产的微观基础，具有高度重复性、自发性和习惯性。可见，日常生活不仅维系和直接体现个体的生存和再生产，而且也是整个社会意识形态形成的根基。

（二）马克思哲学的日常生活维度

马克思是从鲜活的、具体的生活出发展开对旧哲学抽象世界的批

---

① ［匈牙利］阿格妮丝·赫勒. 日常生活［M］. 衣俊卿，译. 哈尔滨：黑龙江大学出版社，2010：3.
② 衣俊卿. 现代化与文化阻滞力［M］. 北京：人民出版社，2005：191.

判，马克思主义源于生活，最终的目的也是归结于生活——改造生活，实现人的全面自由发展。在马克思那里"哲学非常懂得生活"①，个体是日常生活的主体，家庭是其基本单元，人自身之"在"构建于日常生活之上，日常生活是人"在"世的原初形态，其直接性、本源性的存在形态决定了日常生活也是整个社会活动的基础。日常生活领域是人类社会历史领域的重要组成部分，对于脱离了日常生活的历史观，马克思进行了深刻的驳斥："现实的生活生产被看成是某种非历史的东西而历史的东西则被看成是某种脱离日常生活的东西。"② 可见，马克思语境下的"现实的生活"包括日常生活和公共生活（非日常生活），前者的微观基础性和后者的宏观总体性内在统一于人类历史进程之中。日常生活是"个人的全部活生生的感性活动"，直指人的各种动态的日常经济、文化、人际交往活动，并从生命需要的满足扩展到社会关系的再生产，"社会结构和国家总是从一定的个人的生活过程中产生的"，"是以简单的家庭和复杂的家庭即所谓部落制度作为自己的前提和基础的"③。日常生活作为整个人类生活的基础性地位再一次被确认。

（三）以日常生活为基本场域的我国主流意识形态感性传播

1. 日常生活的视觉化

改革开放以来，电视机逐步在中国城乡普及，一度成为普通家庭日常生活几乎不可或缺的一种产品。在相对私密的家庭开放空间，收视行为完全融入日常生活，一幅常见的图景就是一家人坐在一起吃着晚饭，

①　中共中央马克思恩格斯列宁斯大林著作编译局．马克思恩格斯全集：第1卷［M］．北京：人民出版社，1956：123.

②　中共中央马克思恩格斯列宁斯大林著作编译局．马克思恩格斯选集：第1卷［M］．北京：人民出版社，1995：93.

③　中共中央马克思恩格斯列宁斯大林著作编译局．马克思恩格斯选集：第1卷［M］．北京：人民出版社，1995：78—79.

那边电视放着新闻、广告或者电视剧。电视占据人们日常闲暇的主要时间，是人们日常生活中最基本的休闲方式，也一度是多数中国人文化消费的选择。闲暇时间，人们习惯于拿着遥控器在丰富的频道中自由切换，选择心仪的电视节目。随着视听技术的发展，以抖音为代表的短视频迅速兴起，人们很快被这种新颖的视听方式所吸引。短视频平台提供的后期剪辑工具简单易懂、容易操作并提供一键视频生成功能，手机镜头的便利性、特效滤镜的视觉感染力、不限流的流量包等有利因素促使手机短视频成为人们获取信息、强化自我呈现、沉浸式视觉娱乐的流行方式。当前，视频博客（Vlog）更是以记录个体日常生活的真实性为主打标榜，拓展了日常生活"视觉化"的"镜像真实"，在看似接近个人日常生活"真实"的呈现中表达视频创作者的日常生活感受和经历，同时又通过没有刻意的剧本设计打造人设，激发共情，吸引用户。这种日常生活的场景式记录感受并享受日常生活的视觉性表达，正在充斥我们的日常生活，日常生活被人为夸张地"视觉化"了。

可见，现代日常生活越来越趋向视觉愉悦、视觉体验和视觉表达。从广告招贴到数字摄影，从城市设计到商业楼盘，从时装展演到影视娱乐，从平面到立体的视像，从静止到动态的影像，人们被无比丰富的视觉形象所淹没。人们的日常生活进入到视觉影像主宰的文化之中，甚至在生理和心理上对"图像"产生了依赖。形象成为日常生活的必需品，外观成为视觉快感追求的目标，所谓的"颜值即正义"就是视觉快感赤裸裸的宣言。视觉符号的生产和传播形塑了一个日常生活的样板，并以各种视觉传达反复证明这就是当前最理想化的日常生活模式，诱导人们以此为标准进行日常活动。视像与快感具有一致性，视像的精致、可感与日常生活的感官享受直接相连，带来了日常生活的满足感，也表征了日常生活的感性特征。于是，人的日常生活行为与动机的产生互为一体，"人的日常生活与感性的同质化，便在当代现实中最大程度地'直观化'了人的感性实践要求与利益满足"①。视觉的"感性直观"构建了个体基本生活行动和生活动机，生活利益和生活满足的整个图景，在此之上，以日常生活视觉经验为出发点，在日常生活的感性呈现和满足中实现意义的有效传达，脱离感性的视觉形象，生活意义将无从谈起。日常生活的衣食住行、日常交往等都被吸引并服从于各种图像广告，日常形象成为凌驾于人的内在心灵之上的视觉性存在，日常生活的意义被视觉感受所掠夺。

2. 日常生活：视觉文化视域下我国主流意识形态感性传播的基本场域

视觉文化是现代性与日常生活相遇的产物。从某种意义上说，全面建成小康社会之后，迈向第二个百年新征程的中国社会是一个视觉媒介或者媒介形象构筑的现代传播社会。同时，新时代美好生活的需要也就意味着人民群众不仅对物质而且对美好精神生活需求越来越高，人们越来越强调日常生活中个体存在的意义，希望在日常实践或日用常行中能够真切体验到自我存在的价值。意识形态作为个体与社会之间复杂的想象性关系，在视觉文化的各种图景中实现了这种想象性关系的再现。日常生活必然成为视觉文化视域下主流意识形态感性传播的基本场域：首先，从马克思哲学对日常生活的思辨，列斐伏尔等西方马克思主义者对日常生活的思考和讨论中，可以明确日常生活的重要性——在人类生活中居于基础性地位，是人的实践活动的基础性架构。意识形态是人的实践的产物，而实践的基础源自日常生活，因此，意识形态根植于日常生活。首先，主流意识形态传播最终的价值诉求在于构建美好生活，自然也是归结在"以人民为中心"，真真切切改善老百姓真实感最强的日常

---

① 王德胜. 回归感性意义：日常生活美学论纲之一 [J]. 文艺争鸣，2010（5）：8.

生活上；其次，从上一节"日常生活的视觉化"以及第二章"'看'的意识形态分析"可以进一步明晰视觉所具有的社会属性，意识形态和视觉文化的最终汇聚点也在"日常生活"；再次，现代媒介（特别是视觉媒介）对人们日常生活全面渗透的现实表明，日常生活的视觉化实质上就是视觉文化逐步与日常生活融为一体，现代性的日常生活离不开视觉文化，反之，则不能成立；最后，主流意识形态感性传播的主体和受众都是生活中具体的活生生的个体，信息的接受或者诠释都离不开日常生活实践，主流意识形态的引领力不是体现在漂浮的口号和政治宣言上，而是落地生根，与日常生活融为一体，转化为传统、习惯、常识，并固化为从自发到自觉践行的行为秩序，最终内化为民众心底深处的国家认同、民族认同。可见，日常生活是意识形态的居所、始源和归宿。在视觉文化成为我国社会的主流文化背景下，开展主流意识形态传播，必须关切普通百姓感性的日常生活，所谓的价值观建设落实、落细、落小很大程度上也是落在"日常生活"上，扎根于日常生活，使之根深叶茂，筑建稳健的社会基础。

在视觉文化的视域下，"世界被把握为图像"，视觉形象表意实践的商业化、娱乐化加快了视觉文化对日常生活的渗透，特别是电子媒介的兴起，媒介矩阵的打造，媒介融合下的全媒体平台的建设进一步强化了媒介形象的影响力。视觉文化全方面进入日常生活，从饮食起居到日常消遣的吃穿住行，日常生活维度"碎微化"建构主体意识。视频、图像带来日常生活几乎全方位的改变，为个体融入世界，形成关于这个世界的实在感提供根据，蕴含着丰富的价值意蕴。视觉对象感性直观，极具吸引力，日常生活的丰富多样性和感性的特点很大程度由个体的视觉体验和联想所决定，日常生活的每一个细胞都摆脱不了"图像"的"干扰"。视觉文化通过视觉制造完美的生活愿景，引导民众效仿，以感性的方式通过大众的日常生活进行意识形态规训。人们在吃穿住行、日常人际交往等无意识的感性行为当中制造和传播意识形态，意识形态的主体既是意识形态的接受者同时也是意识形态的传播者，人们对"图像"隐性控制日用而不自知，习惯成自然，逐步失去反思能力。我们还必须注意到的是，日常生活不仅包括日常交往、消费活动，还包括日常观念，这是价值观形成的基础，一旦重复性的视觉实践产生的日常观念与传统、习俗、常识结合并固化下来，人们会在日常生活中无意识地、引以为然地接受，并凭借血缘和天然情感传递或者外化，这是一股任何统治阶级不能忽略的强大力量。

具体而言，视像传达了日常生活的趣味指向，"在日常生活中，个人以多种形式使自身对象化。"① 日常生活意义的把握就在视觉满足的过程当中。视觉文化承载了一定的价值观，人们在日常生活"看"的过程中，特别是"体感视觉"用视觉调动起其他感官，实现感同身受，就无意识地接受了这种或那种生活方式和价值观念，于不自察中肯定现存体制，价值观念的接受呈现出日常生活化。在我国，尽管商品物化扩大了人们的欲望消费，但广告、招贴、电影，电视等视觉表征无不受视觉体制控制，主流意识形态所主张的爱国主义、英雄主义、集体主义是其内在主张。典型的有当作"闲暇机器"（leisure machine）的电视，作为在闲暇时光摆脱重复、平淡的日常生活突破口，"看电视"表面上是自由的，实际上在娱乐闲暇的同时，日常生活不可避免地进入到视觉文化营造的意义空间。电视节目主要通过以下机制将日常生活与公共生活和意义世界相连：一是通过反差机制，能够通过电视节目特别是电视剧为日常生活带来新鲜的体验，并输送意义；二是意义循环机制，"以具

---

① ［匈牙利］阿格妮丝·赫勒. 日常生活［M］. 衣俊卿，译. 重庆：重庆出版社，2010：6.

体的现实世界和他处的日常生活为蓝本"①，用意义强化日常生活。

从现代生活打发闲暇时光的必需品——电视剧的视觉表征可以管中窥豹，"电视剧作为当代中国'第一'叙事艺术体现了家庭通俗艺术的基本传统：以家庭故事为主要题材；以日常经验为主体内容；以生活化戏剧为叙事特征；以主流意识为价值观念。"② 电视剧营造的主流意识形态的代表性"英雄"形象不再是空洞的说教，而是从"崇高英雄"过渡到"凡人英雄"，更为趋近日常生活。例如《士兵突击》将主旋律、励志故事进行情感化、通俗化改写，《潜伏》将说教与娱乐结合，这两者展示的世俗英雄特质更符合受日常生活浸润的普通受众的认知，"英雄"形象从艺术化走向生活化，其俗世化增加了"英雄"形象的真实感和亲和力，也更能从情感上冲击受众的内心世界，并引发效仿；还有与普罗大众日常现实描述接近的《蜗居》《奋斗》《新结婚时代》类题材电视剧，其对现代日常生活极强的还原能力再现普通人的日常生活，这种融入情感的视觉消费很容易把受众带入到剧中所张扬的各种现代社会生活观念的碰撞中。

## 二、以视觉媒介为载体

### （一）视觉媒介的特性

#### 1. 意识形态属性

通俗意义上的视觉媒介范围很广，包括纸质的报纸、海报、传单、电子屏幕、户外广告、橱窗布置等媒体形式；由于视觉对其他感官的统

---

① 李泓江. 迈向日常生活的传播学：论列斐伏尔思想中的媒介向度 [J]. 首都师范大学学报（社会科学版），2021（6）：11.

② 尹鸿，阳代慧. 家庭故事·日常经验·生活戏剧·主流意识：中国电视剧艺术传统 [J]. 现代播，2004（5）：56.

摄力比较强，往往还把视听媒介比如电视、电影、戏剧等都认为是视觉媒介。因此，在狭义上视觉媒介又被认为是电影、电视、网视，三者统称为视媒体。本研究强调的是视觉文化视域，所以视觉媒介以视觉文化的核心关键词汇"形象"来界定，指的是以形象，包括图像、影像、景观为主要信息传播载体的媒介，其中又以影像符号为代表，常见的有网络视频、电视、电影、摄影、广告等大众传播媒介。

马克思恩格斯早就看到了媒介之于意识形态的关系，指出"报纸的政治态度也是政治，主张放弃政治的一切报纸都在攻击政府。问题只在于怎样干预政治和干预到什么程度。"① 对于媒介的特性——意识形态性，法兰克福学派的"媒介控制思想"做出了论断，认为媒介即意识形态。②法兰克福学派主要以"传播批判研究"来展开上述思想，该学派的代表人物阿多诺（Theodor W. Adorno）、霍克海默等均对资本主义文化工业时期大众媒介的"媒介被控制""媒介控制什么""媒介如何控制"等做出了批判，揭示了国家控制媒介继而通过媒介控制社会和思想的路径，从而说明了资本主义文化工业社会，大众媒介不仅成为维护意识形态统治的工具，而且本身就是意识形态，媒介的力量就是国家的力量，昭示着控制媒介，就是控制意识形态，这意味着软性控制的勃兴。不发挥思想引领的视觉媒介在现代社会是不存在的，马尔库塞曾经反讽道，"人们真的能将作为信息和娱乐工具的大众媒介同作为操纵和灌输力量的大众媒介区别开来吗?"③ 在他看来，大众媒介只不过是权力的工具，娱乐和信息传播只是表象，目的是实现意识形态的社会控

---

① 中共中央马克思恩格斯列宁斯大林著作编译局. 马克思恩格斯全集：第 17 卷［M］. 北京：人民出版社，1963：445.

② 邵培仁，李梁. 媒介即意识形态：论法兰克福学派的媒介控制思想［J］. 浙江大学学报（人文社会科学版），2001（1）：99—106.

③ ［美］赫伯特·马尔库塞. 单向度的人［M］. 张峰，译. 重庆：重庆出版社，1993：9.

制。霍克海默说得更是直接，"通过大众媒介以及其他影响方式来形成人们的思想和感情……缩小个人思维的差别"①。霍克海默在《艺术与大众文化》进一步指出，媒介文化作为意识形态维护工具主要是通过文化工业实现的，文化工业借助现代科技手段为行使意识形态的操控功能提供了更多便利，以获得意识形态霸权（文化霸权论）的形式，通过媒介文化引领，软性控制整个社会的意识形态走向。阿尔都塞其后又论证了大众媒介作为意识形态国家机器的"主体召唤"机制，认为大众媒介与意识形态合谋，把个体召唤为主体，最终使民众按照统治阶级意图完成意识形态一致化和思想规范化。

当代文化研究的代表性人物英国的斯图亚特·霍尔在《意识形态与传播理论》《意识形态的再发现：媒介研究中被压抑者的回归》中对媒介的意识形态功能也有精彩的论述，比如指出媒介对现实的重构，定义了现实；媒介是意识形态斗争的场域和结果；媒介对世界的描述和传播过程就是意识形态塑造的过程……②视觉媒介作为大众媒介的一个分支，显然也包含在这个论域里，而且视觉媒介的感性直观更加强化了这一态势，其意识形态功能更为隐秘。

2. 产业属性

在信息太多而导致选择困难的情况下，视觉媒介的感性直观、形象生动更容易吸引稀缺的"注意力"：我们认识到，视觉媒介不仅在思想引领、社会整合方面具有极大价值，还具有能够带来经济效益的产业属性。在技术革命、制度创新等因素推动下，视觉传媒产业不断膨胀，涵

---

① ［德］霍克海默. 批判理论［M］. 李小兵，译. 重庆：重庆出版社，1989：230—232.

② ［英］斯图亚特·霍尔. 意识形态和传播理论［M］//［美］布兰德·德文，［美］劳伦斯·格拉斯伯格. 传播理论再思考［M］. 圣贤出版社，1989：43；［英］斯图亚特·霍尔. 意识形态的再发现：媒介研究中被压抑者的回归［M］. 台北：台北远流出版事业股份有限公司，1994：84.

盖电视、网络业、新媒体业、电影、户外广告、主题和娱乐公园等子产业，视觉传媒业已经成为我国文化产业的主导性产业。没有无文化的传播，也没有无传播的文化，视觉文化和视觉传媒是内在的互动关系，视觉文化通过视觉媒介来呈现和传播。随着视觉媒介数字化的进展，视觉传媒业越发兴盛，标志着视觉传媒融入整个经济社会特别是文化体系的程度愈来愈高，也就是其提供文化产品及文化服务的能力也越来越高。视觉传媒业以精神产品商品化、规模化的方式直接参与到国民经济的运行之中，在满足群众文化需求的同时创造巨大的经济效益。

视觉媒介的产业属性昭示了其对社会生活特有的广泛性和渗透性，也打破了少数人创造、享受的垄断性、特权性文化，推动精英文化形态走向大众化、平民化，这在本质上与主流意识形态的感性传播最终指向是一致的。在上一小节中，我们提到了法兰克福学派对资本主义"文化工业"的批判，对"文化工业"造就现代社会单向度的人的揭示，但我们也要看到政府、市场、社会对其调节作用，也就是"文化工业"是在一定经济体制、政治体制和社会系统中运行的，要受到视觉文化体制的制约，包括教育机制、影视管理机构、展示场馆等。例如我国这些年大力推进新时代全媒体中心建设，就是要整合利用包括视觉媒介在内的各类媒介跨界融合创新，提升主流意识形态的引领力。又如，视觉中国与人民日报、新华社、中央广播电视总台等主流媒体合作，提供大量反映党和国家发展成就的视觉内容和服务。可见，产业必然带有强烈的经济驱动，其效应是显性化、扩展性的，正是由于视觉媒介的产业属性，视觉媒介与消费社会的勾连，视觉媒介与日常生活的关联才能得到很好的印证，而且借助产业扩展，视觉媒介的广泛性、渗透性功能才能在市场化的中国为主流意识形态感性传播取得很好的效果提供相应支撑。

（二）媒介形象的操控

1. 媒介形象

人不能凭空产生对世界的认识，必然有中介的存在才能促使两者的联结。在视觉文化视域下，视觉媒介主要充当了这个桥梁，由于对事物的认识有的是基于具体的事实，有的是基于情感和意义的扩展，这就是牵涉到"媒介形象"的问题。形象与大众传媒紧密结合，媒介制造了形象。媒介形象有两个层次的含义：即"作为媒介的形象"和"作为形象的媒介"。"作为形象的媒介"构建了社会幻象，形成了物化的世界观；"作为媒介的形象"是从图像到影像到景象，人们通过媒介形象表意符号系统进行广泛交流和传播。在此期间，媒介形象的图像文本、影像文本、景观文本分析都意在透过形象表层直达内在的意识形态结构，实质上前文提到的德波的"媒介景观"就有这个含义。视觉文化视域下的主流意识形态感性传播议题也是强调借助"作为媒介的形象"完成意识形态操控。我们要注意到，"媒介形象"不仅是关注了媒介在形象生产中的作用，更多的落脚点还是在形象之于视觉媒介化社会感性作用意识形态传播的合理性。

社会视觉媒介化程度越高，人们在现实中对视觉媒介形象依赖度也就越高，视觉媒介形象构建的拟态社会代替了真实社会，在视觉媒介与象征符号互动之下，人们的认知被视觉媒介形象所左右。由于视觉媒介兼具意识形态性和产业属性，在经济、政治、文化的多方驱动下，视觉媒介形象由"符号形态"过渡为一种独特的"资本"，这种"资本"把各种利益关系巧妙地转化为各种视觉媒介形象，所以对视觉媒介形象的争夺和掌握成为个人、群体、组织获取增益资源的手段。媒介形象通过占据主导地位的政党获得权威性，通过商家广告投放获得经济性，通过受众的认可获得名誉性，整个媒介形象都嵌入到经济社会运行之中，在社会结构中以符号的形式存在。可见，媒介形象是个开放的符号系统，依托社会交往而生，受到形象主体、受体、环境的制约，媒介形象再现事物是个复杂的动态认知过程。

2. 媒介形象与意识形态生产

视觉媒介的操控必须借助视觉媒介形象，在"作为媒介的形象"和"作为形象的媒介"两端下功夫，创造和争夺意义，完成隐性的意识形态控制。视觉媒介形象一方面是意识形态的载体，意识形态通过视觉媒介形象呈现；另一方面，视觉媒介形象本身就是复杂的意识形态。视觉媒介形象渗透到整个社会生活，通过图像、影像、景观感性地展现出主流意识形态。例如，政府用典型人物宣传、党的视觉形象塑造、红色文化主题展等活动来立体呈现、阐释、传播主流意识形态。无论哪种活动实质上都是视觉媒介形象的呈现及意义的生产，即形象的动态运作或生成，也就是符号表意实践，由于符号有共享性，所以主流意识形态得以大范围内取得认同。前文提到过的阿尔都塞的"意识形态＝幻象／暗指"、齐泽克的意识形态幻象理论、德波的"景观社会"、鲍德里亚的"拟像与仿真"等，虽然是抨击资产阶级的意识形态控制，但也在一定程度上表明了视觉媒介形象表征中的意识形态生产是视觉媒介形象制造的"幻象"的结果。在此之中，视觉表意实践的想象性关系代替了现实，人们在无意识的"看"的过程中默认了现实，肯定了现实，把视觉媒介形象表意的现存生活认为是本真的存在方式，这种感性的认同瓦解了理性的意识形态批判能力。

尤为重要的是，视觉不仅仅是一种行为，在更深的层面体现的是作为一种社会现象的视觉，所以视觉媒介形象还要放在更大的社会——文化语境中去考量，也就是视觉媒介形象还要受到特定社会视觉性的构成规则、话语理论的制约，与规则、认同、生产和消费构成多向互动关系。在我国，当前视觉媒介形象生产的文化体制是以马克思主义理论为统领，以社会主义核心价值观为核心表达，整个视觉媒介形象的编码与解码、生产与认同，都在这个体制框架之内进行，即规定了视觉媒介形象的生产、接受和理解，是内化的政治运作规则。以我国典型宣传为例，无论是中华人民共和国最高荣誉勋章——共和国勋章，还是 CCTV 的"中国经济年度人物""感动中国"年度人物的视觉媒介形象都深刻彰显了社会主义意识形态生产，比如"共和国勋章"以红色为主色调，章体采用国徽、五角星等元素，以主流意识形态具象化的方式进行视觉感性表达，蕴含了丰富的意识形态导向张力。又鉴于视觉媒介的产业属性，国家近年来越来越重视视觉文化产业的发展，在媒介形象与意识形态生产之间找到了一条好路子，那就是以市场化的方式强化主流意识形态生产，比如近年来《建党伟业》《长津湖》《红海行动》《智取威虎山》《水门桥》等影片叫好又叫座，真正实现了"主流大片引领"，不仅主流意识形态在观影中得到很好的感性传播，而且还获得了较好的经济效益，为视觉媒介形象的再生产提供了市场化的持续性条件。可见，通过视觉媒介形象塑造国家、政党、政府形象，已经成为国家意识形态控制系统的一部分。

3. 媒介形象与视觉消费下的身份认同

一方面，"在现代生产条件无所不在的社会，生活本身展现为景观的庞大堆聚"①，可见，在视觉媒介形象充盈的当今时代，视觉媒介的操控很大程度表现为通过媒介形象完成隐性的意识形态控制；另一方面，在经济高质量发展的后小康社会阶段，消费占据经济社会发展的重要地位，如前面第一章第一节已分析，中国已经具备消费社会的若干特征（即便不能称之为消费社会），媒介形象的操控更多的是以视觉消费

---

① ［法］居伊·德波. 景观社会［M］. 王昭凤，译. 南京：南京大学出版社，2007：3.

为中介的，当人们在现实中不可能摆脱并受到媒介形象影响，而且在行动中无意识地将这种影响转化为"物"的消费，那么在媒介形象促成的视觉消费中就轻而易举地实现了意识形态的控制。从第二个层面上来讲，消费社会反过来又助推了视觉文化的发展，犹如孟建教授所说的"消费社会构筑了产生视觉文化的温床"①，他进一步引用英国学者费瑟斯通（Mike Featherstone）关于文化与社会关系的论断——消费性的文化，特别是视觉文化，对社会具有文化的削平、民主功能和经济功能，来说明视觉媒介形象与视觉消费下的身份认同的关系，即消费社会和视觉文化互为印证，人们构建自身身份的重要途径是通过视觉消费来完成的，也就是所谓的形象产生文化霸权，但同时也应该注意到的是这个过程也产生了反向的力量，使得文化日趋民主化，在文化产业的助力下，这个双向过程有加速的趋势。无疑，这个解释框架对于我国主流意识形态的感性传播是有一定的现实说服力的，因为在视觉媒介和消费社会特征明显的当今中国已然是不能忽略的重要社会现实。

　　视觉媒介形象的演绎，消费实现主体的自我构建主要是通过广告而实现的。广告不仅创造需要而且还生产需要。随着经济的不断发展，广告所指的物质性需要，实体性的指向或者说物的现实所指不再重要，消费越来越表现为主体对物的符号意指功能的积极性接纳，以此来表现主体的身份与地位，最初的"需要"也从隶属于人到脱胎为隶属于物。经济从生产占据主导，到发展为消费地位的提升，消费驱动从侧面也反映了产能过剩，意味着"物"的极度丰盛，在信息化、数字化发展，网络购物、电子支付便捷的现代经济体系里，物的符号化态势越发明显，个体也从追逐物的差异性过渡到消费的意象化。尽管消费是当代社

---

① 孟建. 视觉文化传播：对一种文化形态和传播理念的诠释［J］. 现代传播，2002（3）：4.

会关于自身的一种言说，作为符号交换活动、生存体验、精神层面的延展。但吊诡的是，个体在追求个体独特性和意象化的同时，往往又受到广告等视觉媒介的无形干预，结果却是走向了广告宣传的个体一致性。我们从中可以看出，在此过程中"意识形态—商品"有了明显的转化，商品自我言说的能力来自广告，意识形态和商品在广告的"劝说"下甚至有了直接可以替代的关联，通过广告产生的视觉消费能够"唤起联想"乃至实现"想象力消费"，广告不断制造身体的焦虑，在消费中用符号的意义实现了填补。

其中的奥秘在于，不仅"广告推动了商品意义的现代转换"①，而且广告创建"幻象"并植入人们的头脑之中。通常的手段是，广告以第三人称的叙述手法，纳入具体的生活情境，植入主体性的共鸣，实现情感移情，增强广告的说服力，达到广告影响受众认知的目的，诱导受众向广告所倡导的理念靠拢并促成消费行为。具体而言，广告是通过视觉媒介形象不断逼仄，达成物的意义传播，促成物的符号性价值不断大众化，最终使得符号性意涵吸引消费者，完成符号对商品的使用价值的替代。更重要的是，广告所携有的独特符号性意涵具有强大的社会功能，能够表现个体的社会地位和身份，说服受众通过消费纳入符号性意义，从而从最初单纯的对物的占有过渡到对符号的占有，完成从生产领域到消费领域的意识形态操控。从更为抽象的维度来看，视觉消费还进一步转化为一种文化现象，这种文化现象的特殊性在于高度的可感知，人们在这种文化的沉浸式形象感知中，某种符号价值无形中就得到广泛宣扬，以完成"当代场景中的更不稳定的、流动的、变幻不定的认同性"②。可见，广告构建的超真实社会，以树立典范，在物与个体选择

---

① 荣鑫. 消费社会意识形态批判理论［M］. 北京：中国社会科学出版社，2020：86.
② ［美］道格拉斯·凯尔纳. 媒体文化：介于现代与后现代之间的文化研究、认同性与政治［M］. 丁宁，译. 北京：商务印书馆，2004：436.

之间塑造出某种必然的关系，以消费的方式完成个体的身份认同。需要进一步说明本课题的主旨是，视觉消费的文化现象，或者说整体性的文化转变，是无时无刻地与个体的感性体验挂钩的，强调的是个体感性意识的彰显，感性意识是这种视觉消费经济模式的核心密码，同时也昭示着视觉消费下的身份认同正经历着从商品（物）的"交换"到以符号为主宰的社会"交往"的一种变迁，情和物之间有了更为直接的关联。因此，消费行为不仅仅是个体与社会构建的一种想象性关系，或者说是符号的诱导，在如今的数字化时代更可以说是已经具有了一种实质性的关系，已然成为事实，其中蕴含着丰富的政治经济运行机制，揭示了意识形态感性传播的深刻动因，意味着意识形态的生产、消费、流通也发生了深刻的变化，尤其是从理性沉思到感性狂欢的负面效应值得警醒。还有，由于技术包括视觉技术的变迁而导致的意识形态分化也是需要深入研究的，"因为专业化和组织化都不仅仅是劳动分工和科学技术专门化，同时必然伴随理想目标、价值信念、思维原则和行为准则的分化，亦即意识形态的分化"①。这些都是我们理解新时代我国主流意识形态感性传播的内在运作机制所要关注的重要变化。

### 三、以视觉技术为支撑

无论是视觉文化视域下我国主流意识形态感性传播的基本理论和内在逻辑，还是以日常生活为基本场域，以视觉媒介为载体的运作机制分析都不同角度地触及视觉技术的问题。

### （一）视觉技术系统下观念和情感的感性变化

在视觉文化视域下，主流意识形态的感性传播离不开视觉文化的核心概念"形象"，而"形象"与技术进步密切相关。例如，图片、照片

---

① 刘少杰．意识形态的理论形式与感性形式［J］．江苏社会科学，2010（5）：19.

和虚拟现实表现"真实"的构成模式是不同的,从"语象"到"符象",以及拟像角度的形象与自我,乃至拟真中"真与实的分离"诸如种种,给人的视觉冲击、情感想象、感性传达是不同的。技术赋予了视觉文化视域下主流意识形态感性传播的选择、解释和表现外部现实的各种可能性和差异性。特别是计算机技术的极度专业化,为虚拟现实提供了一个完全"内部"的可视化世界的物理入口,尽管它不能在日常生活的三维世界中体验,但却有令人信服地"真实"。还有,当我们观看电影或电视节目时,电影或电视的视角不可避免地变成了我们的视角,影响到意识形态传播的感性触发,左右身体对现实做出感性判断。所以,周宪教授面对上述问题做出了系列相关的论断,非常值得我们深思,"视觉技术的进步,正是由于新技术的采用,越来越多的新的视觉装置嵌入人们的日常生活,成为男男女女审视和把握世界的最便捷的手段,技术的进步也在改变人们观看的行为及其习性。"①"随着视觉技术的进步,人的视觉在不断地延伸,可视性要求与视觉快感欲望不断攀升,新的视觉花样层出不穷。"② 这说明我们应该正视视觉技术的变化带来的个体观看以及随之而来的情感反馈。

技术往往是与观念互动的,从镜片到望远镜、显微镜、数字技术(AR/VR),技术迭代极大地创新了现代视觉技术系统,照相机、电影、电视、数字展馆等的发明和出现显然是视觉技术系统颠覆性地进入并引领生活的缩影。以上说明,视觉技术一是拓展和丰富了人"看"的视野,延伸了视线,比如显微镜和望远镜使得人的眼界打开,带来了更为广远的精神世界的改变,甚至对文化产生了革命性的影响;二是视觉文本的表征技术,这里技术更为博大,不仅制造形象还传播形象,这里面

---

① 周宪. 视觉建构、视觉表征与视觉性:视觉文化三个核心概念的考察 [J]. 文学评论,2017(3):17.

② 周宪. 视觉文化的转向 [J]. 学术研究,2004(2):114.

牵涉到一个更为重要的问题，那就是形象生产和真实世界的关系，即通过观看会影响个体认知世界的能力，而且视觉文本可以是有计划和有目的地营造"有意味的形式"，询唤主体，产生意识形态认同。意识形态的感性传播不是单行道，而是在视觉文本表征技术下的形象生产（比如通过软件在功能、空间投影、视觉和声音方面进行真实世界现象的精确数学建模）和消费的交汇点上进行。甚至，在数据化的视觉文本生产后台，"与自然语言相反，代码是可执行的脚本，表明了软件的功能，在模拟意识形态模型时，软件是技术代码转换的一个例子，它没有形象化，但却与意识形态拜物教高度共存。"① 有些学者认为，"软件是意识形态的功能模拟"。可见，视觉文本的表征技术②更为复杂，它的视觉修辞、视觉话语、视觉仪式等手法表征了真实世界，当然这个视觉下的"真实世界"与现实世界又是有差异的。

其中很大一部分原因来自视觉技术表征的世界包含了人的想象乃至幻觉，可以用马克思的感性意识形态来解释，即"建立在一定经济基础之上，主要以希望、幻想、信念、感悟等非理论形式呈现出来、具有真实性、生动性和实践性、知情意相统一的关于世界和社会的观点、情感和认识的总和"③。所以意识形态的感性化或者说感性意识形态与视觉技术系统的结合就显而易见会对人们关于世界的认知以及价值观念产生重要影响，也就是这个视觉化的世界与现实世界显然是不一样的。如

① GALLOWAY A R. Language wants to be overlooked：On software and ideology［J］. *Journal of Visual Culture*，2006，5（3）：315—331.

② 在视觉文化视域下，很多学者为也用"图像表征"的视觉技术术语来论证，实际上视觉文本表征技术当然更为精准，因为"形象"在前面已经详细的论证了主要包括：图像、影像、景象。当然，居伊·德波曾言，"景观是资本积累到这样一个程度——它变成了图像"，"景观不是图像的一个集合，而是一个由图像所规制的人们之间的社会关系"。所以，这里"图像"表征更多的是约定俗成的一种意指。

③ 庞达. 马克思主义感性意识形态的基本内涵及其特征［J］. 思想政治教育研究，2017，33（3）：48.

果说视觉技术创设的数字虚拟世界我们还比较容易理解的话，那么视觉技术形塑的"形象"，其语言体系、语法规则、修辞手段构建和反映的精神和意识形态表征意蕴却很容易被我们潜隐化。正是视觉技术的复杂性，形象的观看者才能同时接收感知信息和文化信息。

（二）视觉技术"传播的偏向"

视觉技术是一种前置结构，从技术角度来说，是具有偏向性的，"网络传媒技术本身是不是意识形态？单纯认定网络传媒技术是自然属性和社会属性的有机结合体，这没有什么问题。自然属性是作为纯粹的工具性的特质而表现出来，与社会体制、社会文化相脱离，表现为技术的客观存在，在资本主义社会和社会主义社会表现一致，体现出技术的中立性，意味着价值中立……从唯物主义的实践角度考察媒介技术，可以认为媒介技术（包括网络传媒技术）是社会实践活动的一种工具，本身带有强烈的文化或意识形态倾向，即社会属性。应用媒介技术背后蕴含着具体的社会制度以及意识形态"①，视觉技术显然也是如此。特定时代特定技术总是对应哪些信息能够得以更快速地传播，也就是所谓"传播的偏向"。上世纪 90 年代中国人习惯于坐在一起看流行的连续剧，如今在技术变更之下，我们更习惯于每人拿着智能手机刷抖音等短视频，这些视觉技术的变化迎合了人们的需求，同时人们也乐于拥抱这些技术下的信息传播的变化，这也可以看出主流意识形态传播在悄然发生系统性变革。

让我们简单梳理一下视觉技术与意识形态传播之间的渐变。首先，我们要明确视觉技术的变革是建立在某一历史阶段特定的经济社会背景之下的；其次，视觉技术的变化反映了人们日常生活中的政治秩序和政

① 胡启明．工具与政治之间：网络媒介意识形态传播的日常生活化转向研究［J］．重庆邮电大学学报（社会科学版），2017，29（3）：66—68.

治参与；最后，视觉技术意味着新的观看方式的产生，涉及"视觉性"的问题，"因为我们的视觉行为和理解充满了复杂的社会影响，视觉总是转换为视觉性，并呈现出生理性之外的社会特性"①。整个过程大概经历了"仰视—平视—散视"的视觉结构。在中华人民共和国建立相当长的一段时间内，普通民众接触到的视觉文本主要是画像，照片在城市还好，在农村还是稀缺品，这类形象主要产生于"机械复制"视觉技术，包括印刷术和摄影术。"机械复制"原本具有极大的权威性，是所谓真实和原来的唯一源头，因此，造就的是权威型的传播结构，比如说领袖的画像，那个年代广大城乡几乎每户家庭都悬挂于中堂最显眼的地方，这是对主流意识形态的政治权威符号最直接和最朴素的视觉接触及心理认同，甚至是视觉仪式无限次的展演。这种神圣性不断强化对主流意识形态的感性体验，当然这种视觉技术是被动式的接受结构。不同的是，摄影对于主体具有更多的主动性，因为摄影不完全是被动的接受，是有目的的主动的信息搜寻。改革开放初期，电视开始进入人们的家庭或者在单位的电视放映室，电视为代表的大众传媒带来新鲜的更大量的视觉信息，给予大众更新奇的视觉刺激，"开启了民众大规模、集体性接受视觉信息的时代"②。电视节目也得以在广告和市场经济的催动下以更为吸引注意力的方式不断推陈出新，为大众文化绚丽多彩添上了浓重的一笔。尤为重要的是，电视技术能够在很大程度上抹平文化的差异，电视的传播覆盖性更高，电视带来媒介仪式的重大突破，即电视不仅仅是信息传播的过程（信息的传递观），也是仪式共享的过程（仪式观），例如在中国，收视率极高的《央视春晚》，在中国人具有特定意义的除夕夜播放，不仅仅是一个节目信息的传递，更多的是国家、民

---

① 周宪. 视觉建构、视觉表征与视觉性：视觉文化三个核心概念的考察［J］. 文学评论，2017（3）：21.
② 周宪. 当代中国的视觉文化研究［M］. 南京：译林出版社，2017：424.

族、家庭、个体互为一体的一种独特的仪式言说。在观看中，意义生成，党的领导、家国情怀、中华民族多元一体等深刻内涵得以进入到每个中国人的内心；同样有效的媒介仪式包括国家公祭仪式、奥运会、阅兵典礼、典型人物表彰等电视节目。

在 1990 年代之后，有线电视，特别是互联网在中国开始迅猛发展起来，视觉技术网络化，信息更多倾向于可选择化（受众的主动选择性更多），作为凝视的静观开始让位于"散视"，比如选台综合症、视线分散等，特别是智能手机的发展产生"碎片化"态势——"一个是媒介终端和平台的'碎片化'；另外一个就是媒介本身越来越适应'碎片化'的内容，越是'碎片化'的媒介越是能够胜任任何形态的传播，其功能体现了全天候、全形态的模式"①。在这种情况下，人的专注力很容易飘移，"碎片化"让受众对信息的传播与接受更加地缺乏理性批判能力，信息通常通过与给定的感知对象相关联而自然化，"传播的偏向"为感性判断。因此，主流意识形态传播如果不是富有视觉的感性吸引力，是很难促使用户点击的。

（三）数字界面的形象生产

在绪论一章中我们谈到了感性与视觉文化的联系，"视觉文化源于身体解放的要求，从视觉文化转向的整体意义上看视觉文化是对身体感性的极大解放。"② 在视觉技术的背景下，我们把视野从官能感性、实践感性中跳脱出来，直奔人—机感性，这要求我们从技术介质层面进一步考察数字界面的形象生产。

数字界面与显示、表达和传播相关，是感觉到行动的书写。当今社会，人们的工作、生活、社交、娱乐很多都是在数字界面下完成。一方

---

① 胡启明，张文. 典型宣传的"碎片化"传播［J］. 青年记者，2012（20）：27.
② 梅琼林，陈旭红. 视觉文化转向与身体表达的困境［J］. 文艺研究，2007（5）：93.

面，数字界面已经成为视觉技术发展到当下进行信息展示和传播以及形象再造的重要窗口，新媒体的很多传播优势主要也是体现在人机交互的数字界面上。数字界面背后的算法能够利用大数据产生传统界面无法比拟的优势，例如，可以在收集的用户数据基础上进行清洗、挖掘，掌握受众爱好，把受众的内在思维和直观感受与数字内容进行匹配，打通数字系统与人的交流通道，数字界面的核心紧扣不同用户的喜好和感受，以人性化、个性化、精准化俘获个体。另一方面，普通民众对视觉技术的应用日益普遍和日常化，就会诞生一个个掌握语境生产能力的个体，带来传播权力的分散和大众化。换言之，数字界面的"形象自主生产能力"也会越来越强，具有普及性和大众化的意涵，即用户不管学历层次如何，是否专业，都可以轻松触屏，利用日益集成、简便的视觉技术手段和网络的数字化视觉资源进行形象生产和传播，打造个体的视觉文本，同时在数字界面进行网络传播和点击、转发、截屏、组合等视觉形象再造行为，通过这些方式进而介入公共生活，参与政治活动，表达个人意愿，进行日常休闲。现在，手机自拍和视频直播非常盛行，普通人的随手拍并转发的"见证—分享"模式实质上也是数字界面的形象生产的大众化问题，其对闲暇时间的吸纳力越强，对日常生活的渗透越深，就越不能忽视在视觉技术加持下的视觉形象构建带来受众群体在直观化、感性化的视觉形象展演中的思维和价值观念的变化。不能忽略的是，形象生产主体本身也会在形象打造和生产中自身观念发生潜在的变化，比如当个体不断打造某种形象"人设"时，个体也容易陷入自我打造的意义情境之中，被自我创设，在他人的眼光中构建某种认同。

数字界面在媒介融合、媒介仪式、元宇宙等概念的推进下不断刷新形象生产能力，更新自我的逻辑和体系，但其中个体被形塑的视觉习性却是一致的，那就是个体对信息的获取、传播、再生产越来越陷入视觉感性依赖，甚至更容易被算法所左右，这是在主流意识形态感性传播当中要关注到的，社会的视觉建构和视觉的社会建构都是不能忽略的，这关联到更为深奥的真理和视觉的问题。

综上所述，视觉文化视域下，以视觉媒介为载体、视觉技术为支撑的视觉形象弥漫于整个习以为常、难以自察的日常生活之中，不仅从官能感性、实践感性到人—机感性，充分调动了受众的感性体验，给予人们视觉冲击、情感想象、价值观念形塑，让信息广泛传递，更是让视觉形象生产的仪式和意义得以共享，从而让主流意识形态实现视觉化、大众化、生活化、情感化、消费化等特征的感性传播。

# 第四章 视觉文化视域下我国主流意识形态感性传播的现状审视

近些年，特别是党的十八大以来，充分利用视觉文化的直观性、视觉性等优势开展主流意识形态的感性传播已经是我国主流意识形态有效传播的新方向和新焦点。《领导人是怎样炼成的》《习主席的时间都去哪儿了》等视觉短片在网络上广为流传，同时也被新华网、央视网等各大官方媒体大量转载；《长津湖》《金刚川》《悬崖之上》《我和我的祖国》等红色影视叫好又叫座；各类视觉图像、红色场馆、视觉文创产品广受欢迎；中华人民共和国国家勋章和国家荣誉称号颁授仪式等各种国家级仪式深入人心，让人激昂澎湃……这些视觉文本让中国共产党"以人民为中心"的生动形象，让党的领导人形象、国家形象、政府形象不断得到视觉构建，春风化雨般在日常生活中渗入普通民众内心，收到了良好的传播效果。在2013年8月19日召开的全国宣传思想工作会议上，习近平总书记更是强调"要精心做好对外宣传工作，创新对外宣传方式，着力打造融通中外的新概念新范畴新表述，讲好中国故事，传播好中国声音。"因此，主流意识形态感性传播的新尝试在实践中被鼓励并日益兴盛，现在很多高校利用虚拟现实技术开展思想政治教育的感性体验就是例证。但是，视觉文化视域下我国主流意识形态的感性传播也存在一些问题，比如泛娱乐化、消费社会中的负面效应等问题，如何科学地处理视觉文化视域之下主流意识形态的感性传播与理性诉求的关系，对于"感性"的传播如何进行理性把握是其难点。

## 一、视觉文化视域下我国主流意识形态感性传播的表现形式

在实践上，视觉文化视域下我国主流意识形态传播显现出视觉化、媒介仪式化、数字虚拟化等意识形态外化特征，特别是数字视觉媒介技术的发展，导致人—机感性交往的出现，抽象的理论传播向感性传播发展，具象化、可视化、易于共享、便于感知成为趋势。

### （一）主流意识形态传播的视觉符号化表达

不同阶层的民众对主流意识形态的接受能力存在差异，但在直觉、情感和感受上却具有极大的相似度。视觉形象感性生动，有利于主流意识形态形象具体地呈现和被接纳。"传播是一种现实得以生产、维系、修正和转变的符号过程。"① 视觉形象又是通过视觉符号为表征来构筑和实现的。"符号，即发送者用一个可感知的物质刺激，使接受方能约定性地了解关于某种不在场或未出现的某事物的一些情况。"② 应该说视觉符号是依赖于意识系统的意义表达；反言之，每一种意义体系都必须借助于视觉符号来进行意义表达，二者之间密不可分。视觉符号感知的直观形象化，有利于产生同构联想，不仅在主流意识形态对内传播中容易共享意义，更是在跨文化传播中具有较大优势。当前，我国主流意识形态传播的视觉符号化表达往往通过以下几个方面丰富民众的感性体验。

---

① ［美］詹姆斯·凯瑞. 作为文化的传播［M］. 丁未，译. 北京：华夏出版社，2005：12.

② 赵毅衡. 文学符号学［M］. 北京：中国文联出版公司，1990：5.

一是重视传统的红色视觉符号的运用，促进感性认同。早在新民主主义革命时期，针对当时险恶的斗争环境条件，中国共产党运用红色视觉符号，进行革命斗争宣传活动，如"广泛运用于红军印制的各类钱币、票证、报刊、证书、民间印染、刺绣等，如在钱币、布币、银币、铜币、税票、邮票、土地证、优待证、绣花枕被、鞋帽、手帕、围裙、腰带上面印有马列头像，中国共产党党旗，工人、农民、红军形象和一些工艺图案。"[1] 人民政党为人民，通过各种红色视觉符号，形塑了共产党为民族谋解放、为人民谋幸福的先进政党形象，促进了各族人民对党的认同，对党领导的革命道路的认同。"红星""镰刀""斧头"等视觉图像符号成为党和国家重要政治生活中视觉符号的核心构成要素。作为传递"革命""爱国""代表无产阶级利益"等重要含义的中国红色视觉符号在当今重大的政治生活中被极度重视，成为高校、政府等各级单位在开展活动时最为重要的一个视觉标志性符号。五星红旗、天安门城楼、人民英雄纪念碑、中共上海一大旧址、嘉兴南湖的红船等象征我国革命和中华民族红色信仰的重要视觉符号已经成为民众集体记忆的一部分。近年来，我国还在不断挖掘红色工业遗产等视觉符号资源，目的就是不断开拓主流意识形态传播的视觉符号化表达新资源，赓续红色传统。

二是主流意识形态传播的视觉符号化感性表达，往往与时间符号和空间符号相协同，所表达的内容含有特殊的意义和价值所指。如春节、建军节、国庆节、重阳节等时间符号，又譬如天安门广场、南京大屠杀遇难同胞纪念馆、井冈山革命烈士陵园等空间符号，两者或者三者结合形成了主流意识形态传播的感性符号话语，将抽象的意义神圣化、具象

---

[1] 文化部党史资料征集工作委员会办公室. 长征中的文化工作 [M]. 北京：图书馆出版社，1998：135.

化、感性化。在实践中，我国主流意识形态感性传播往往善于结合具体的社会历史环境和社会发展要求，在了解受众群体的需求度、认可度和思维发散程度上开展意识形态的视觉符号表达，通过"象征形式"完成视觉内容构建，唤起感性记忆和生动的团结之情。例如，"春晚"作为一年一度的电视晚会将中华儿女共同汇聚在提前编排设定的时空里，以怀旧的回归方式和独特的艺术形式解读过去，畅想未来，使观众产生心理冲动，不自觉对主流意识形态实现记忆建构。其中，《难忘今宵》节目的固定设置已演变成一种人民对"春晚"的集体记忆和独特的视觉符号，既能将人们的归属感与认同感唤醒，也可在观众的记忆深处构建共同体意识，进而实现群体间的新时代社会主义核心价值观认同。

三是综合运用视听符号，引发情感共鸣。在人的感觉中，能够超越一定距离所限的视觉和听觉占据更为重要的地位，尤其是视觉被认为是第一性的，并且能够统摄其他感觉。正如施拉姆所言，"传播不是全部（甚至大部分不是）通过言词进行的。"[①] 显然，在传播学中，特别是视觉文化视域下的感性传播，视觉符号以及视听综合性符号已经超越了传统的语言符号，在信息传播中居于主导地位，能够极大地满足人们的视听需要，并更好地达成信息和意义的传播。"意识的外化形式表现为语言符号，而潜意识的外化形式通常显示为非语言符号。"[②] 视觉符号作为非语言符号能够唤起人的感性潜意识，比如五星红旗代表的是中华人民共和国的形象，能够激起作为中国人的自豪感和爱国情怀，而在国歌声中冉冉升起的五星红旗经常让国人热泪盈眶，这种视听符号综合运用创建的氛围更加肃穆、庄严，也更能激发我们潜意识中的爱国之心。在媒介技术迅猛发展的视觉文化时代，视觉符号尤其是短视频的视觉表达

---

① 李彬. 传播学引论：增补版［M］. 北京：新华出版社，2003：117—118.

② 李彬. 传播符号的分类及功能［J］. 中国青年政治学院学报，2002（2）：111.

更能适应加速下的生活节奏。为了达到更好的主流意识形态传播效果，视听结合越来越普遍，除了镜头视觉语言，在声音符号上进行修饰，两者互为补益。例如《习近平讲故事》《复兴之路》等视听效果俱佳，能够把受众带到那段跌宕起伏、波澜壮阔的难忘岁月，引发情感共鸣。

　　四是重视视觉符号消费，对符号意义进行创造延伸。如前几章所述，消费在整个经济社会生活中的重要性日益凸显，我国已经具备消费社会的若干特征（即便不能称之为消费社会，前几章已经详细论证过），视觉符号消费往往附着于商品（这里指的商品不仅是实物形态的物质商品，还包括文化商品），其典型症候就是重点由对商品的使用价值的自然功能性消费转向对商品的符号价值的符号功能性消费，出现了符号消费的新形式。网络时代下，视觉符号消费的主要消费群体以年轻人为主，消费往往又是感性的，在无意识中视觉符号背后的象征意义同时也被接纳。新型的蕴含着主流意识形态的短视频彰显了年轻个体独特的文化身份，呈现出审美区隔。由于现代社会是一个形象不断被生产并被消费的景观社会，人们的视觉消费过程也是一个自我的确证过程——消费者将自己的时间与精力作为商品与视频交换，完成对自我生活的认同和想象。例如，近年来，国家文化部门推出的一些商业影视剧，还有国家力推的红色旅游景观，其视觉符号里呈现出来的正向价值观满足了受众的正向情感需求。民众在视觉消费中潜移默化地接受了这些视觉符号，并以之为傲。继而，把社会主义核心价值观内化为内在的精神追求、外化为人们的自觉行动。近年来，抖音的视觉符号传播更是一个典型的案例，一方面，抖音在视觉化传播中赋予视频内容新的符号意义，刺激受众进行消费以获取更大的经济价值；另一方面，生产者可以鼓励粉丝群体对文本中的符号进行二次创作，赋予符号全新的意义。[①] 而二

---

① 党李丹. 消费社会语境下短视频产品的符号转换［J］. 青年记者，2019（11）：6—7.

创内容也推动了视频中原符号的传播，向大众展现正向价值观，打造双重视频价值，对视觉符号意义进行创造性延伸。

### （二）　主流意识形态传播的媒介仪式呈现

"所谓媒介仪式，指的是那些经由大众传播媒介记录并传达着仪式以及那些经由大众传媒'包装'之后具有仪式意味的'新闻事件'。"[①]如果说"主流意识形态传播的视觉符号化表达"聚焦到视觉符号上，那么"主流意识形态传播的媒介仪式呈现"更多地落脚到媒介仪式上，是前者进一步的深化。可以这么说，没有视觉符号化表达就没有媒介仪式的呈现，两者共同点都是激发情感，唤醒认同，共享意义，是感性传播的集中体现。区别在于"主流意识形态传播的视觉符号化表达"更宽泛，而"主流意识形态传播的媒介仪式呈现"相对更为窄化，主要是"围绕着重要的与媒介相关的类别和边界组织起来的形式化的活动，其表演架构着一个更宏观的与媒介相关的价值观，或暗示着与其的联系"[②]。显然，媒介仪式是视觉文化视域下情境性的主流意识形态传播，抽象的主流意识形态鲜活展演、具象化、感性实践的最佳场域。必须强调的是，媒介仪式是在大众化媒介背景下，通过视觉媒介和媒介技术支持，民众才得以共享仪式，并且深深嵌入普通民众的日常生活。

一是建构仪式视觉情境，凝聚思想共识，强化情感归属。任何社会的持久稳定都取决于其社会成员建立了集体情感和集体意识，良好的思想共识和情感归属是前者构建的基础。因而，"有必要按时定期地强化和确认集体情感和集体意识，只有这种情感和意识才能使社会获得其统一性和人格性。而这种精神的重新铸造只有通过聚合、聚集和聚会等手

---

① 郭建斌．如何理解"媒介事件"和"传播的仪式观"：兼评《媒介事件》和《作为文化的传播》[J]．国际新闻界，2014，36（4）：8．

② ［英］尼克·库尔德里．媒介仪式：一种批判的视角［M］．崔玺，译．北京：中国人民大学出版社，2016：33．

段才能实现，在这些场合个体被紧密地联合起来，进而一道加深他们的共同情感。"① 媒介仪式通过视觉构建"媒介仪式空间"，紧密联系所有仪式的参与者（当前主要通过收看电视直播、网络直播或者回放的方式以"看"的方式参与），向他们传播仪式意义和特殊情感，从而凝聚起一个具有一致思想共识和情感归属的社会共同体。因而，在媒介仪式构建的视觉情境内，人们被信仰之情和兴奋之意时刻鼓动，乐于接受仪式信息传播，强化仪式意义认同，实现仪式传播对于社会成员的思想同化与情感凝聚。例如，国庆阅兵仪式、南京大屠杀死难者国家公祭仪式等的举行，都是在以一种共同的信念和情感为基础，主要以视觉媒介为中介，向广大受众传播和强调关于国家、民族的主流意识形态和集体记忆，使所有仪式参与者在情感性激发中形成一种强烈的民族向心力和国家凝聚力，自然而然地从内心深处迸发出热爱国家、忠于国家的强烈情感，并获得个体是国家、集体的一份子的归属感。

　　二是传达仪式行为，询唤集体记忆，固化感性秩序。媒介仪式传播具有权威秩序性。在视觉文化主宰的大众传媒领域，媒介仪式作为"仪式"的一种归属类别，其目的也仍是为了确立某种秩序，形成某种认同，凝聚某种共识，最终实现其维护社会持续发展的功能意义。在这一视野下，媒介仪式（绝大多数受众主要是通过自媒体、视频网站或者电视观看视觉影像，只有少数人亲临现场）与一般视觉性新闻事件的不同之处就在于，其在举行的过程中具有仪式行为上的、时间意义上的、程序规划上的、内容传播上的秩序性。首先，时间意义上的秩序性是指，大部分的媒介仪式都是遵循着特殊的时间节点而举行的。例如，四年一度的奥运盛会、除夕之夜的春节联欢晚会、12 月 13 日的南京大

---

① ［法］埃米尔·涂尔干. 宗教生活的基本形式［M］. 渠东，汲喆，译. 上海：上海人民出版社，1999：562.

屠杀死难者国家公祭仪式等媒介仪式的举行，都具有固定的时间规范性。其次，程序规划上的秩序性是指，几乎所有媒介仪式举行的整个过程都是在前期进行过专门的规划或彩排的，仪式活动内的每一项流程都有其特定的先后顺序。例如，春节联欢晚会作为一整个媒介仪式的举行过程，其内部的每一项流程，上至晚会的开幕式和闭幕式，下至每一个节目的出场顺序都是按照一定的程序规划的。最后，内容传播上的秩序性是指，媒介仪式作为一种能够产生巨大影响力和号召力的集体仪式，其在信息内容的传播上也必须遵循相应法律条约、道德规范及社会价值的指引和约束，向广大受众输出积极正向的价值理念和思想文化。例如，典型人物宣传，每一年春节联欢晚会的节目主题所阐释的文化内涵皆与"富强民主、文明和谐、自由平等、诚信友善"等社会主义核心价值观高度契合。所有的仪式"秩序"最终都指向感性秩序的固化，巩固与之相匹配的集体记忆，从而维护政治权威，稳固社会秩序。

三是视觉展演、符号体验激发受众感性共享与互动。如今社会，以互联网为代表的电子媒介在塑造社会生活与文化、维系群体情感中发挥着不可替代的作用，尤其是那些带有仪式感的各种电视或网络节目，通过网络媒介的传播成为一种不折不扣的"媒介仪式"。新技术媒介对现实生活的介入改变了我们的生存环境，媒介化社会使个体兼具了"社会人"和"网络人"的双重身份。在媒介仪式视域下，信息传播者和接受者皆为平等的仪式参与主体，拥有共同的主体选择权，所有受众在统一的仪式过程中进行平等的交流与沟通，共同体验、构建仪式所具有的价值和意义，并能以自身为传播节点将这一价值和意义进行再交流和再传播，其方式主要是感性而又自发地通过转发、评论、点赞等网络行为构建传播内容的共享圈，创造和分享其所具有的共同信仰，扩展观看视觉仪式展演、象征符号所表征的价值和意义。同时，受众在领悟的过程中自觉接受这一价值和意义对于自我价值观的强化和描述。媒介仪式通常是主流意识形态的展演与符号的双重景观实践。例如，象征社会主义核心价值观主题或意义的服装、舞蹈等，用展演的既定规则对表演者、观演者进行不同要求的规训，以使整个展演过程在社会主义核心价值观主题氛围下完成，并逐渐使相应程式固定化，常态化。在规定驱使下，表演者与观演者逐渐共同沉浸于表达社会主义核心价值观的表演情境中，忘我性特征也愈渐显现，"认真表演"的同时"认真观看"，各自感官得到统一调动，在视觉冲击下实现对社会主义核心价值观的共享。又如在举办爱国主题的参观活动时，通常会设置向英雄人物送花致敬这个仪式环节，经过献花、敬礼、宣誓一系列行为拟定的形式化表演后，行为得到巩固，主流意识形态实现认同感的增强。这一过程效果与参与者有意愿或意愿强烈无明显关联，无论主被动，在反复操演的惯性影响下，肌肉的机械记忆也可以达到整合、凝聚的功效。

（三）主流意识形态传播的虚拟数字化体验

随着媒介技术发展，视觉媒介开始发挥人机界面新感性功用，利用虚拟交互数字化体验各类平台，构建视觉化想象空间，提升群体边界的可渗透性，打破询唤集体记忆的时空限制，以新形态开展主流意识形态沉浸式感性传播，开启了打造虚拟体验，感性介入主流意识形态传播的新路子。

一是虚拟现实多维度感官体验提高民众对主流意识形态的感性认知。感官体验是指触觉、视觉、听觉等感觉官能的活动，是对事物或世界的一种认知方式。当今的 VR/AR 乃至元宇宙的应用不仅是大数据算法的产物，也是媒介融合的成果，虚拟数字界面从触觉、视觉和听觉等多维度丰富了受众的阅读体验。在触感上，随着移动设备端的更新，人们在虚拟现实数字界面上参与互动更加自由，人机交互的触感极大地提高了受众身体的感知力和对主流意识形态内容的敏感度；在视觉上，虚拟现实数字界面的视觉效果更容易对受众的心理形成冲击，清晰的图像和动态的视频结构延展了主流意识形态的内容，弱化了理论的枯燥乏味度，以更直观的方式呈现国家时政，给严肃的政治性内容增添了几分灵动，增强了主流意识形态的传播力；听觉作为对视觉的补充，是意识形态传播中普遍的介质。虚拟现实数字界面中的影音播放，通过视听结合，极大地丰富了听觉在塑造受众主流意识形态认同中的"中介"作用，进一步冲击着受众的心理，提高了受众对主流意识形态的感性认知。

二是虚拟在场激发民众对主流意识形态的情感共鸣。人类可以随着时代的发展而重新认识和理解语言，即语言的学习及运用是透过人类的认知并加以解释的基础上展开的。随着网络技术的发展，网民们逐渐构建出独特风格的网络语言认知体系，在虚拟现实数字界面话语体系中，虚拟在场、沉浸式观感所体现的话语聚合、表达更加情感化、符号化，主流意识形态传播语言风格感性化特征明显。比如2022年神舟十四号航天员顺利进入天舟四号一度登上各大"热搜"榜首，网友们纷纷沉浸在"'神箭'飞天，仰望星空，逐梦前行"的壮举中，为国家日益强盛而自豪。"神舟十四出征！首部8K短片沉浸式体验太空绝美景观"爆火网络，受众虚拟在场而汇聚的各种情感性话语表达以及炙热的情感环境塑造极大地拉近了个体与宏大的国家叙事之间的距离，形成一种有效的主流意识形态传播漩涡效应，极大地改变了传统上主流意识形态说理和表达的理论化、独白式的态势。在虚拟现实数字界面的话语表达中，还经常"运用拟人、拟物的修辞手法，和增加'萌'元素的创作方式对具有政治色彩的现象进行符号化解读，从而表达某种政治情感"①，极大地满足了受众的情感需求。虚拟现实数字界面中的主流意识形态话语情感化，更能引起受众群体的共鸣，提高主流意识形态传播效果。

三是虚拟现实灵活的议程设置引导受众的价值判断。虚拟现实数字界面议程设置功能在强化受众对主流意识形态认同上更具有灵活性。虚拟现实数字界面的议程设置灵活机动、因势而新、因时而新，对公众关注力的吸附性非常强，公众的关注反过来又进一步助推了虚拟现实数字界面的热度，在如此双向互动之下，相关事件会"热上加热"，合目的性把控下的议程设置能够引导整个社会舆论的走向，从而影响民众的价值判断。大学生群体心智尚未完全成熟，很容易被虚拟现实数字界面推荐的事件及其附带的"评论"和次生舆情影响，特别是在虚拟现实数字界面的"知觉模式"上，被感性视觉所驱使，做出感性的价值选择或判断，从而影响主流意识形态认同。"主流意识形态认同的逻辑进程以感性认知为开端，经意识形态和网民之间互动让网民接受和同意，最后再通过持续不断的外化行为凝结成人们内部稳定的政治信仰，而不是简单的顺应和消极的服从。"② 可见，虚拟现实数字界面蕴含的主流意识形态更加平易近人，既迎合了受众的娱乐诉求和认知习惯，又承载着丰富的信息含量和价值意蕴，在"显著性模式"和"优先顺序模式"上，只要切合受众群体的心理和需要，就会在引导受众价值判断上取得显著成效，并最终作用于受众的行为。例如，2021 各大媒体利用 AR/VR 玩转"两会"报道，在议程设置上就非常灵活，重视受众对重大政

---

① 马川，孙妞. 从"政治萌化"到"反政治萌化"：当代青年政治主体性的建构、再构与重构［J］. 中国青年研究，2020（6）：103.

② 刘波亚，李金玉. 网络空间中主流意识形态的认同逻辑［J］. 教学与研究，2019（4）：99.

治生活的个性化感性体验和引导。

## 二、视觉文化视域下我国主流意识形态感性传播的基本特征

视觉文化视域下我国主流意识形态的感性传播就是以身体的感性感觉为原初，依托视觉为中心的视觉文化符号传播系统，注重对主流意识形态的视觉形象转化，趋向感性主义的一种传播模式。这种传播模式在主流意识形态传播中居于基础性地位，能够最大化回应和满足人民群众对主流意识形态的感性需要，是超越理性传播的一种社会实践。其基本特征如下：

### （一）日常生活化

人作为"自然的、肉体的、感性的、对象性的存在物"①，感性是人实际存在的现实维度，日常生活又是人现实存在的逻辑起点。一般认为，日常生活领域是自在自发的、感性的，由经验活动图式所主导，包括我们熟知的衣食住行、休闲活动、日常观念活动等，所以，在日常生活语境中，人的日常生活本身及其形象呈现是感性的。感性在人的认识活动中具有基础性地位，无论是现实情感还是生活动机，离开感性存在的现实，生活意义将无从附着，即意义的确认离不开人在日常生活中的直接感受。这种来源于日常生活的直接感受具有鲜明的感受实在性，引导着个体的情感和利益需要，并影响非日常生活领域理性的、自觉的精神文化活动。意识形态的传播以感性的形式嵌入日常生活，日常生活空间体现出"空间政治"的意蕴，"生活层面的东西已纳入了政治的视野，并开始获得政治的话语权"②。

---

① 中共中央马克思恩格斯列宁斯大林著作编译局. 马克思恩格斯文集：第 1 卷［M］. 北京：人民出版社，2009：209.
② 红苇."生活政治"是一种什么政治［J］. 读书，2006（6）.

"意识在任何时候都只能是被意识到了的存在，而人们的存在就是他们的现实生活过程。"① 感性进入日常生活的现实之境，源于人的基本生活行为和动机，必须关切个体的日常生活和现实境遇。主流意识形态的感性传播首先是从人的感性世界从发，以生活化叙事替代传统的宏大叙事，指向"现实的人"的日常生活。由于现代社会的人的日常生活被视觉符号所裹挟，视觉文化"绝非日常生活的一部分，而正是日常生活本身"②，视觉赋予了日常生活的丰富性，也决定了主流意识形态感性传播实现的多样性。感性视觉不断激化身体对主流意识形态的敏锐性，唤醒个体生动而具体的感性满足，个体对日常生活的感性观察和理解，构成开放性的意义生成和阐释，或直接或间接地形成其价值观念和政治意识，完成意义的有效传达。因此，我们注意到大众传播媒介、信息技术的发展极大地影响了普通民众的日常生活，这个变化在视觉文化视域下主流意识形态感性传播的变革中有充分的体现。

（二）视觉化

在信息无比丰裕的当今社会，"看见就是认知过程"已经不能满足信息的需求，"视觉化才是认知过程"，视觉化的价值在于能够"让不可见的东西可见起来"。在肉眼超越所限，从不可见到可见的视觉化过程中，以电影、电视、网络为代表的影像取得了空前的成功，在动态性和时间性的延展上打破了之前在静止图像上的观感僵局，视觉技术的发展助推了虚拟的拟像与仿真的泛滥，景观社会的视觉获得压倒性的观感。"景观不是影像的聚积，而是以影像为中介的人们之间的社会关系……它是已经物化了的世界观。"③ 视觉化的符码以感性的形式建立

① 马克思，恩格斯. 德意志意识形态：节选本［M］. 北京：人民出版社，2003：16.
② ［美］尼古拉斯·米尔佐夫. 视觉文化导论［M］. 南京：江苏人民出版社，2006：1.
③ ［法］居伊·德波. 景观社会［M］. 王昭凤，译. 南京：南京大学出版社，2007：3.

了人与人、人与社会直接的联系，在社会的视觉构建里悄声无息地完成了意识形态认同。

主流意识形态的感性传播从人的官能感性视觉出发，发展到以影像为载体，以高度技术化的形象媒介为中介，到如今虚拟的数据可视化感性传播，其实质也就是一种视觉化传播。因此，主流意识形态感性传播放在视觉文化的理论视域下去考察，前者侧重点在于凸显"感性"的功能和意义，后者是感性传播达成的手段和方法，也是其展开的内在逻辑。视觉化赋予了主流意识形态感性传播极富冲击力的视觉直观体验，抹平了传者受者之间的心理隔阂，受众不再是远观而是卷入到视觉体验中，并在视觉沉浸体验的交互中唤醒并生产出内在的情感和想象。视觉观感成为了交往发生的机制，感性意识在主流意识形态传播中取得主导性地位。

（三）大众化

视觉文化视域下主流意识形态的感性传播能够极大地缓解我国主流意识形态传播的精英化倾向与大众化需求的矛盾。在传统的主流意识形态传播中，采取的是单位传播而不是社会传播的模式，信息流动是从上而下有组织、有计划的，主要有党委中心组学习、文件传达、学习宣讲等"文字—阅读"和"言说—倾听"方式。这两种方式是印刷文化下知识和权力精英化的重要表征，都认同真理性依据和权威性阐释。意识形态阐释权力在党的各级行政官员和知识分子等文化精英手里，即便后来电视等媒介的政治性新闻节目例如《新闻联播》已经有"图像—观看"模式上的突破，但在主流意识形态传播上的精英化态势并没有改变，其展现的权威力量和社会的规约性不言而喻。

通过前文分析，我们知道视觉文化是高度发达的媒介技术的产物，

"在高度发达的大众媒介技术面前，大众文化几乎就是所有人的文化。"① 大众文化又是构建中国视觉文化最典型、最普泛性的面向。② 大众文化及大众传播打破了图像（影像）的生产和传播的精英化控制，文化权力有了大众化的意味，从而也具有了摆脱意识形态生产和传播精英主导的力量，也使得主流意识形态传播有了更为丰富的表现形式和更为广泛的社会基础。视觉文化作为以视觉为主因的文化形态，由于图像（影像）理解感性直观，能够激发人的视觉快感，调动个体的联想，容纳个体识读能力差异，与主流意识形态传播的普适性相吻合，"图像—观看"模式下的主流意识形态感性传播也就可以看作是一个主流意识形态大众化的过程。此外，国家近些年来对文化产业的大力扶持，催生了大量的视觉影像文化产品，国家形象的影像表达、典型人物的感性形象塑造、红色文化的视觉生产……在满足人民群众大众文化需求的同时，抽象的意识形态借助文化产业实现大众化的感性传播已经成为司空见惯的现象。

（四）情感化

视觉文化时代，情感体验成为主流意识形态的发生机制，约菲（Hélène Joffe）③、索亚·福兹（Sonjak Foss）④ 都不约而同提到"图像"、情感、行为三者的关系。"图像不仅造就了人们的思维，而且还

---

① 李应志. "图像时代"与文化权力的大众化［J］. 西南大学学报（社会科学版），2021，47（2）：167—168.

② 视觉文化在当代中国的兴起，涉及社会生活的诸多领域。这些领域互相作用、彼此呼应，共同建构起当代中国视觉文化的复杂面向。参见：周宪. 当代中国的视觉文化研究［M］. 南京：译林出版社，2017：43.

③ JOFFE H. The power of visual material：persuasion，emotion and identification［J］. Diogenes，2008，55（1）：84—93，85.

④ FOSS S K. Framing the Study of Visual Rhetoric：Toward a Transformation of Rhetorical Theory［M］//HILL C A，HELMERS M. Defining Visual Rhetorics. New York：Routledge，2004：304.

使人们有了特别的感受并采取了行动。"①观看调动情感，通过视觉设计"诉诸情感"是主流意识形态感性传播的主要劝说（修辞）策略，视觉文化的意识形态濡化能力开始彰显。在感官层面，视觉优先于听、触等其他感觉形式，不仅拥有面对外部世界的先决优势，而且能够唤醒其他感官的感受能力。在细致入微的色彩、构图、影像编排等视觉设计的渲染下，数字视觉技术强化了这一优势，通过"图像"激发其他感官的情感体验，从一维视觉到多元感官共振，形成整个身体的"体感视觉"，转而产生更为强烈的情感反应，在情感的流变中文化价值得以传递，人的精神受到塑造，意义世界得到构建。有必要指出的是由于影像比图像更有动态性，能够在一定空间里按时间进行延展性情感表达，情感表达视觉化使其情感表现力更为丰富。例如红色电影《我和我的祖国》在画面剪辑和情节安排中，沉浸式观影唤起的生命体验创建了极大的想象空间，在集体记忆共享中情感效力增强，从情感认同发展到主流意识形态认同。所以，感性传播是有温度的传播，蕴含感性意识形态的视觉形象在情感上更容易被接受，其传播话语形象生动，也易于理解，克服了传统意识形态传播严肃宏大的刻板印象，摆脱了语言的准确性和目的的工具性，在满足人的多层次情感需求基础上以情感人、以情化人、情理交融，产生价值共鸣。

### 三、视觉文化视域下我国主流意识形态感性传播发挥的作用

党的十八大以来，以习近平同志为核心的党中央领导集体高度重视主流意识形态的创造性发展和传播，强调要推动媒体融合向纵深发展，充分融通中外新概念新范畴新表述，讲好社会主义中国发展的新故事。

---

① ［德］霍斯特·布雷德坎普. 图像行为理论［M］. 宁瑛，钟长盛，译. 南京：译林出版社，2016：3.

根据中国互联网络信息中心（CNNIC）发布的第49次《中国互联网络发展状况统计报告》显示，截至2021年12月，我国网民规模达10.32亿。网络占据了人们大部分的时间和空间，极大地改变了我们获取信息的方式。在网络发展上，如前面几章分析，图片、音视频类型的视觉媒介占据主导地位，传统的纸媒和单向性的传播媒介对我国主流意识形态传播已经不具备优势，将报刊、户外、广播电视等元素全部集结到一个平台上的媒介融合更强调视觉对受众的吸附性，媒介平台的"视觉性"获得了统领性地位。比如央视网等进驻抖音等短视频的网站，利用直播的在场感和虚拟实践交往，有效开展主流意识形态的感性传播。

与传统较为抽象的传播方式相比较，视觉文化视域下的主流意识形态感性传播利用视觉符号的情感性、可亲近性，将"宏大叙事"和"细小叙事"实现有机耦合，把严肃、抽象的主流意识形态视觉化并真正地融入人们的日常生活之中。比如反映五四精神、航天精神等正能量的视频图像频频登上热搜平台，通过民众的评论反馈、转载分享的形式与主流媒体形成高度互动，在第一时间便将主流意识形态以多元化的形式传播开来，并为受众所喜闻乐见，从而引起了民众的关注与讨论。这种将主流意识形态隐性于人们互动过程的方式，可以增强我国主流意识形态的吸引力、凝聚力并提升民众参与主流意识形态建设的热情，有力地破解了主流意识形态传播"日常化、具体化、形象化、生活化"的困扰。

## （一）传播方式视觉化，改善吸引力

视觉是一个创造和争夺意义的地方。视觉主要诉诸形象，形象又由符号来表征，所谓的视觉符号能够破除各种时空、知识背景、阶层区隔、民族差异等因素的阻碍而获得最大限度的认知；同时，在碎片化的信息时代和信息爆炸的前提下，视觉形象（图像、影像、景观）总是能够获得最大的关注度,在注意力经济盛行的经济社会框架里获得注意力,从而吸引受众的眼光,最终在"看"的过程中完成社会的视觉构建,达成主流意识形态的传播。在主流意识形态感性传播中,视觉媒介比传统媒介具有更多的优势,以短视频为代表的视觉传播手段丰富,可运用的视觉符号元素包括文字符号、色彩符号、图像符号等,通过这一系列的视觉符号化传播极大地吸引了受众的注意力。例如,《觉醒年代》就是如此,而图解党的十九届六中全会公报就能够被民众更容易理解。

在符号学中,符号过程为发送者(意图意义)—符号信息(文本意义)—接受者(解释意义),这一过程与传播过程极为相似。显然,视觉符号最容易被人理解和接受,也更易于信息和意义的传达以及主流意识形态传播方式的视觉化,主要是以图像等象征性符号的表达为基础,将主流意识形态本身所要表达的规范性内容通过符号的选择和意义的赋予形成具体的象征符号,并通过更具普适性的"观看"塑造民众对主流意识形态的无差别接纳和认同。象征以符号为指称载体,符号以象征为意义表达,二者通常连用为"象征符号"。简言之,象征符号既指符号本身,又指符号表达的内容,其作用已经超过了知觉的层面,而具有表象和概念的功能。在此基础上,象征符号的特点就是,借助某种具有感性与权威性的符号或标志,通过视觉展现进行暗示或启发来表示思想观念与情感倾向。例如,北京冬奥会的奥运会徽"冬梦"、吉祥物"冰墩墩"及奥运火炬等都是视觉性的象征符号,也是中华民族文化原型的具象物,都能迅速唤起国人的群体认同感,并向外传递着光明、团结、和平、正义、友谊的奥林匹克精神及与世界共享发展的中华"和"理念。

主流意识形态感性传播还具有很强的视觉叙事逻辑,能够牢牢抓住受众的眼球高效传播，而视觉为主的综合性媒介在打造视觉叙事方面经验丰富、效果显著。兰斯·班尼特（W. Lance Bennett）和雷吉娜·劳伦斯（Regina G. Lawrence）提出"新闻聚像（News Icons）"的概念，即某些（浓缩新闻故事的决定性）画面（瞬间或人物形象），在被媒体引入到后续的新闻故事中后，具有了超出最初事件的生命力。① 例如，在新冠疫情暴发初期，各类视觉媒介在进行疫情相关报道时常会选择从视觉修辞的角度出发，以日常但视觉冲击力较大的凝缩画面进行重复播放以折射出"疫情无情，人有情"的家国情怀，那些被刻意缩减的精炼画面不单单是在致敬"逆行"英雄，实则也是在"视觉建构"，促成主流意识形态的感性传播及认同。

（二）传播空间日常生活化，扩大影响力

视觉是人们对客观世界进行主观构建的重要途径。借助视觉影像，人们可获得更具形象性和生动性的文化信息，弱化信息的理解难度，激发强烈的共鸣心理。视觉文化时代，以形象为中心、以媒介为基础的视觉文化迎合了人们的感性认知取向，能够将本身非视觉性的主流意识形态进行视像化，并借助图像本身的直观性、可感性和形象性将其牢牢镶嵌于人们的视觉呈现之上，潜移默化地广泛渗透于人们的日常生活之中，搭建起主流意识形态与人们日常生活的交互桥梁。因此，在视觉文化的加持作用下，主流意识形态的感性传播更好契合了大众的生活需求，对接大众的生活实践，融入大众的生活空间，不断扩大主流意识形态的影响深度和传播范围。

一是契合大众生活需求，深化影响层次。借助视觉媒介进行主流意识形态传播，既符合物质富裕时代下人们对日常生活感性愉悦的追求，

_____

① BENNETT W L, LAWRENCE R G. News icons and the mainstreaming of social change [J]. *Journal of Communication*, 1995, 45（3）：20—39.

又满足快节奏生活模式下人们的碎片化学习需求。一方面，图文影像直观性、生动性、情境性的视觉呈现，可赋予大众以极强的视觉享受，满足其认知世界、愉悦自我的现实诉求。例如，央视拍摄的《舌尖上的中国》纪录片，就深入人民日常生活的衣食住行之中，以一幅幅动人心弦的精致画面和一句句朴实无华的简洁台词，给予了受众以"在场"享受地方特色美食、深入了解各族生活习性的视觉愉悦，使其在观看的过程中就潜移默化地接受了一次以国家认同为主题的主流意识形态教育。另一方面，微影片、短视频的普及和发展，能够有效渗透人们日常生活中的娱乐场域，拼凑起人们碎片化的闲暇时间。例如，央视新闻抖音账号所拍摄和发布的6500多个短视频，就完美契合了其1.4亿关注者的碎片化娱乐时间，众多的短视频主题涵盖社会日常生活的各个方面，传递不同的社会主流价值观，不断强化主流意识形态在民众思想上的影响深度。

二是对接大众生活实践，规范群体行为。视觉影像所具有的场景化动态内容，可衔接大众日常生活中所建立的直观、简洁的认知图式，为大众提供生动、现实的行为模范。一方面，影像放映中视觉形象的"出场顺序""凸显与遮蔽"能够很好地对接大众的日常行为逻辑，清晰地传递"何为中心、何为边缘""认同什么、摒弃什么"的行为指向，诱使其自觉接受和学习影像人物所拥护的价值立场和进行的社会实践。另一方面，"互联网发现了个人，赋权并激活了个体，也提供了现实中人与人之间无限连接的可能性"①，实现了近乎"所有人对所有人"的传播，进一步扩大了典型人物对民众日常生活行为的引导作用，塑造了社会群众积极效仿的实践楷模。例如，中央文明办发布的"中国好人"视频，就以民众身边的好人在日常生活中平凡而伟大的"吃穿住

---

① 胡百精，李由君．互联网与共同体的进化［J］．新闻大学，2016（1）：87.

行、言行举止"等日常生活实践，引领道德新风尚。

三是融入大众生活空间，扩大传播范围。视觉文化时代下，大众的图像意识已然苏醒，指尖滑动控制下的屏幕浏览成为人们认知世界的主要方式，图文影像正全方位"侵袭"民众的日常生活，成为主流意识形态感性传播的有效载体。一方面，以微博、微信、抖音为代表的视觉媒介已牢牢镶嵌于人们的日常生活之中，为隐含其内的社会主流意识形态构建了一个具有大众化生活气息的传播空间，不断将社会主流价值观浇灌于人们的生活实践。另一方面，由视觉媒介所营造的传播环境，能够将主流意识形态有机地融入社会生活的空间布景中，将其理论内容潜藏于看似普通大众的空间物象中，并通过及时性直播或回放式重播不断影响观众的思想观念和行为倾向，以达到同化于境、不教而化的效果。例如，2022年由央视播放的公益广告《在一起》，其场景的布置和内容的择取就深入了民众的日常生活，前半部分以极具感性的饺子、醋、汉服等日常元素生动镌刻出了一幅温馨、美好的幸福画卷，传递了社会主流的和谐、自由、友善等价值观念，后半部分以众所周知的经济、农业、医疗、交通等各项民生事业深化了大众对于国家富强、民主、敬业等社会主流思想的理解和感悟，扩大了主流意识形态的传播力。

（三）传播话语感性化，增强感染力

主流意识形态传播话语具有言说属性，很大程度上决定着主流意识形态是否有感染力。通过通俗化、情感化、生动化的感性话语，能够极大增强主流意识形态的感染力，从而增进受众对于传播者的思想观念、价值导向的认同度，并且由于感染力的带动效应还能够扩大整个传播的辐射面。主流意识形态传播的感性话语是在关注中国、认识中国、理解中国的基础上，面对中国的具体国情把抽象的理论和发展实况用感性的语言表达出来，从而讲好中国故事，传播好中国声音。本质而言，感性话语是注入民众生活情感世界的有力载体。理论要把握群众，就必须深入民众生活、联结民众情感、获取民众认可，这样才能牢牢掌握主流意识形态话语的领导权，增强主流意识形态的感染力，继而把思想、态度转化为自觉的行动。新时代主流意识形态传播感性话语有三大话语结构：叙述结构、知识结构、功能结构。

叙述结构上，主流意识形态感性传播话语结构主要分为客观形式的叙述结构和主观形式的叙述结构。两者都强调"如何感性叙述""叙述的内容如何感性直观"的问题，依靠结构性的感性安排，让主流意识形态被多方面、多角度地理解和把握。在叙述和叙述、叙述和话语叙述者、不同话语叙述者之间能够情感互通，直观可感。例如，纪录片《我们一起走过——致敬改革开放 40 周年》就是采取客观和主观并行的两条线来叙述中国特色社会主义的伟大实践——改革开放 40 年，客观形式的叙述结构以改革开放的历史性成就为基础，利用影像的空间延展对改革开放以来我国经济社会发生的深刻变化作出了感性生动的阐述，许多珍贵的历史资料，许多当年的生活场景难得一见，让人一看就会立刻勾起往年的回忆，产生强烈的情感共鸣；同时，纪录片又以 183 位亲历者的故事为线索，通过主观性感性叙述，让观众形成强烈的代入感，对我国改革开放 40 年的历史性变革更为感同身受，能够从这种感性叙述中联想到个体的经历和成长，形成个体和国家之间紧密关联。

知识结构上，主流意识形态感性传播话语的知识结构具有普适性，直观易懂、接地气，能够把特定的知识体系转化为大众化的语言范式，符合民众生活习惯、情感诉求，让民众易于感知，乐于接纳。例如，《辉煌中国》整个知识原料来自群众本身所创，平实近人。《辉煌中国》采用"内容众筹"的创新方式，搭建创作平台，面向全国征集 5 年来百姓眼中的成就故事、百姓身边的巨大变化，由百姓自己讲述精彩

"中国故事"，众筹案例线索、照片、短视频等逾万条。此外，《辉煌中国》还采访了 108 位人物，拍摄了全国 31 个省区市的高清素材，所有材料都来自观众熟悉的环境，扎根于中国这片厚重的土地并贴近生活。知识结构上，整个视觉影片"可看性"很强，知识构成和表述平民化、正常化，摆脱了文件化、政策化的宣讲，"客观、平实、温暖"，通俗易懂地全面反映党的十八大以来中国经济社会发展取得的巨大成就。

　　在功能结构上，主流意识形态感性传播话语能够凝聚思想、引领示范。主流意识形态感性传播话语要凝聚话语力量，就要力求最广泛的人民群众参与到主流意识形态感性传播话语的建构中来，打牢其群众基础；引领功能主要指主流意识形态感性传播话语能引领各民族、各地区人民精神、能力、智力和各种力量。例如，由央视制作播出的五集纪录片《雪莲花开——对口援疆纪实》全面呈现了从 20 世纪 60 年代特别是党的十八大以来，在党中央的领导下，对口援疆工作在智力支援、产业带动就业等各领域结出的累累硕果。纪录片通过寻找援疆路上的执着与感动，发掘援疆干部人才与新疆各族干部群众共建美好家园的故事，展现出援疆干部人才与新疆各族人民守望相助、共圆梦想的精神风貌。一段段援疆人的珍贵记忆，一个个援疆人的感人经历，也让援疆干部产生强烈共鸣。示范功能就是主流意识形态感性传播的话语言说方法方式，达到理论话语与应用话语、官方话语与民间话语、中国话语与世界话语完美衔接的目的。又如，《共同的家园》用感性的视觉语言，讲述了三江源高原狼、太行山华北豹、云南亚洲象、崇明岛东滩候鸟等人与动物相伴共利的故事，阐释我国生态保护与经济社会和谐并进的特色发展道路。视觉影音客观展现了党的十八大以来，我国生物多样性保护事业步入快速发展的崭新阶段，同时也向世界展示中国环境保护贡献，推广中国生态治理经验，传播中国生态文明思想。

### （四）传播媒介仪式化，强化冲击力

在视觉媒介的发展下，媒介仪式日盛，其本质是视觉文化的拓展或者变种。仪式最初是强调人际互动而形成的，所以仪式对于维持一个群体的延续和发展以及群内人际关系非常重要，具有极高的效用。因此，媒介仪式在天然上也被赋予了"仪式"之维持共同体的团结以及组织内人际互动的功能。涂尔干认为，"仪式的功能始终就是使心理倾向兴奋起来，所以仪式看上去可以起到各种各样的作用，但其实只起到了一个作用，一种一以贯之的作用"①，即通过某种仪式大家聚在一起而产生某种形式上的团结。在我国政府所主导的媒介仪式之下，感性共享的价值观念，能够在国家、社会、个体三个层面促进价值融合，即"家国一体"理念的彰显，不仅继承了中华优秀传统文化的精神内涵，还奠定了社会成员价值选择和行为取向的基本共识。在媒介仪式之下，主流意识形态更具冲击力，通过凝聚社会成员的情感，激发社会成员的自我行动，使主流意识形态在人们心中进一步强化，并被内化。

一是强化主流意识形态在普遍意义上的权威性。媒介仪式的开展往往与民族或国家的传统习俗、传统节日、正式庆典、重大事件等息息相关。一般情况下，媒介仪式皆由具有重要社会影响力与公信力的传媒机构主导，具有普遍意义上的权威性与神圣性，例如，中国共产党第十九次全国代表大会直播。

二是明确特殊意义上的象征性。在媒介仪式开展过程中，媒介仪式的人物、场景动作等都具有不同程度上的特殊象征意义，且这些都是组成整个媒介仪式活动所必不可少的重要事物。例如，建党百年七一讲话现场参会者所佩戴的党徽、手执的党旗，代表主流意识形态所导向的价值形态。

---

① 薛艺兵. 对仪式现象的人类学解释：下 [J]. 广西民族研究，2003 (3)：44.

三是倡导公共意义上的社会性。媒介仪式的开展必定具有广泛的人员参与。在现代信息社会，网络视觉媒体的全民普及已促使媒介仪式具有极其广泛的社会参与性，不能在场参与仪式（新闻事件）的人们，也能通过观看新媒体视频，"身临其境"的参与其中，感受不同活动所传播的价值意蕴。

四是促成思想意义上的共通性。媒介仪式隐含与传播着一个民族及国家的思想理念、价值体系与文化精神。无论是春节联欢晚会与建党百年七一讲话的全民观看，还是南京大屠杀死难者国家公祭日的众生缅怀，其代表的皆是全国各族人民对于国家的热爱之心，对于中国共产党的信仰之情，对于为中华人民共和国得以成立而付出生命代价的同胞的铭记之意，这正表现出了所有中国人民在思想意义上对于这些媒介仪式的共通性。

（五）传播路径具身性在场，提升感受力

视觉文化视域下的主流意识形态感性传播，归根结底是需要身体的直观感官感性参与的，这样才能对主流意识形态有真切的感受力。在新型视觉传播技术，特别是虚拟技术发展的基础上，VR/AR/MR 的发展助推了人类身体无缝衔接并趋于耦合，消融了人与媒介的空间界限。在传统传播学当中被遮蔽的身体（认为是不理性的）得以解放和回归，感性传播进入到人机互嵌阶段，身体成为主流意识形态感性传播的重要前提。身体—技术关系成为我们理解主流意识形态感性传播语境下民众主体性意识、感性心理以及参与式体验的重要节点。人体感官的具身性在场，成为主流意识形态感性传播的一个重要趋势。所谓具身性"是指知觉、理智等精神现象与具体的身体密切相关，它们是基于身体、涉及身体的，人的认知以具体的身体结构和身体活动为基础"①。从而，对受众的影响机制也从过去的强制注意转化为沉浸参与。

当前，多种先进技术将模拟场景或者虚拟与现实场景进行融合，再现历史人物与事件，让参与者（同时也是观看者）穿越历史长河，在互动中参与叙事，与历史人物对话，让历史和现实进行了连接。这种在时间和空间上进行创造性转换的方式创设了虚拟在场的交流互动，唤醒了集体记忆和共同体的想象，夯实了共通共享的文化底色。这样人机交互所表征的主流意识形态意义就能够在无限的虚拟网络内进行大范围传播，随着搭建起的感官体验阈限，实现主流意识形态在多层空间内的"感性传播控制"。在视觉媒介技术加持下，民众还可突破地域限制，借助网络直播、社交媒体等发布的实时信息实现远程的虚拟具身性"在场"，实现对用户的"包裹式体验"，这种新感性体验对于个体而言强化了互动性，使得网络实践中的情感共同体有了真正的结构性基础。例如，如今在党史教育和红色文化教育中火热的虚拟红色纪念馆，就是借助实物营造并强化主题正向意义的权威空间，通过对空间内部元素的展示来再现文化或历史，原本沉寂的历史会被这种空间化的记忆方式所唤醒，被民众所理解与认同，"过去"就此被赋予了连接现在与未来的具体表象。人机交互的参与者在沉浸式体验中产生感官层面的"身临其境"，在这个空间里记忆得以建构、彰显和习得，进而产生思想上的认同与信赖。除此之外，具身性在场还可以使得主流意识形态接受者向传播者转变，带来主流意识形态传播的基本实践方式的转型。接受者的参与和介入不仅体现在他们可以对人机交互下的具身性切实感受做出实时反馈，还体现在他们对自我的体验具有高度的认同感，能够极富主动

---

① 许燕，刘海贵. 具身体验：融合新闻的创新实践和理念更新 [J]. 西南民族大学学报（人文社科版），2019，40（12）：137.

性地按照自己的需求来生产、分配、交换、消费信息，并产生可预见性的行为。

## 四、视觉文化视域下我国主流意识形态感性传播存在的一些问题

利用视觉文化的感性优势弥合传统上偏向理论化的主流意识形态传播，特别是党的十八大以来的若干实践，取得的许多重大的成效，证实了视觉文化视域下的主流意识形态感性传播作为一种新视野、新角度下的主流意识形态传播模式是可行的，具有重要的理论和实践意义。我国主流意识形态感性传播包含着一个解决新时代社会主义核心价值观内化于心、外化于行问题的方案，但是由于视觉文化本身固有的一些特质，比如视觉消费、娱乐化、碎片化、情感化等，对于主流意识形态传播实践存在一些负面效应；又如本课题呼唤感性对个体解放的意义，但感性本身是不能对理性进行替代的，感性尤其非理性化的一面，需要很好的引导。总之，对视觉文化视域下我国主流意识形态感性传播问题的描述并不是为了否定视觉文化与感性的结合在主流意识形态传播过程中的作用，而是意识到主流意识形态感性传播的价值性和局限性，从而更好地去思考、去探索、去改进这些问题。

（一）长尾效应：微观对抗宏观

"长尾效应"是指零散、有个性的需求集合起来，往往比一些主流需求更多。在感性传播中，如果将某一个热度关键词比喻为某种生物体，那么主流官方媒体和意见领袖们拥有更大的网络话语权，他们在网络传播中设置的议题更具有宏观性，相当于正态分布曲线中的"头"，而参与热度关键词的普通民众则是正态分布曲线中的"尾"，他们所设置的议题往往因为微观而被边缘化。这群普通网络用户力量分散、细微、弱小、独立，如同生物体的尾巴一样不起主要作用，但是在感性传

播中，强调的是普通个体感性身体的解放，直觉、激情、本能在意识形态传播中具有重要作用。在个体感性力量驱动下，数量繁多的这部分"尾巴"快速聚拢，产生出强大的传播效力和话语场，成为超越"宏观市场"的庞大"微观市场"。由于视觉文化视域下直观的感性传播准入门槛低，我们也不否认感性的感觉、直觉、经验本身又是较为浅层的，所以通过视觉构建的言论具有极大的自由性并有浅层化的趋向，这给一些非主流、极端化的思维占据"感性"前端，多元社会思潮争先涌现创造了机会。普通民众作为"长尾效应"指数低端的主要节点，他们在视像资讯的参与度不断走高，对新鲜事物的接纳度和包容性大，喜欢猎奇新潮视像话语，但又缺乏辨识真伪能力，很容易模糊非主流意识形态与主流意识形态的界限，成为那些被恶意解构或异化的社会思潮和价值观念体系的受体。一旦这些错误的价值观念渗透到普通民众中的感性认知当中，那么传统的主流意识形态教育及其权威性会就受到消解。

（二）数字景观：虚假"仿像"

视觉文化综合性利用图像、影像、声音等为民众打造了一个超越传统、超乎想象的即时性沉浸式"数字景观"，营造了人与媒介之间的"仿像"世界和意义空间。在这个空间中，计算理性隐居后台，感性意识走向前台，视觉媒介数字技术把"真实"卷入"仿像"的轨道中，"视像话语"前置，数字影像画面不断冲击民众的视觉体验，尤其是在进入视觉主导的网络直播、偶像应援等数字参与互动模式之下，用户极易沉浸于群体性狂欢式氛围，堕入网络民粹主义的"想象民主"和"虚假自由"之中，严重影响民众对我国主流意识形态的认同效果。可见，虚拟数字技术下的感性传播实质上就是场"数字盛宴"，我们要警醒地看到"意义内爆，关系丧失，信息吞噬了自身的内容，也吞噬了交流和社会"① 等背后的负面成分。更要注意的是，随着数字技术的完善，人机互嵌交互平台跨越网络边界的能力在不断加强，利用视觉媒介技术制造的影视、动漫、体育和音乐等数字景观对隐匿于其中的西方意识形态进行输出，对我国民众进行软控制，扰乱对主流意识形态认同的新变种保持高度警惕。

（三）视觉符号转化：内容与形式不自洽

国家、社会和人民这些宏观的抽象的概念，民众看不见摸不着，它们只有被人格化、象征化、具体化、形象化，才能被理解、被体验、被接受、被热爱。如果传播内容抽象空洞且缺乏情感会难以吸引民众真正去聆听和体验。主流意识形态传播不仅要在理论上彻底，能够以理服人，说服群众，还要能够从内心上打动群众，以情感人。如果不能产生情感共鸣，主流意识形态的传播效果就要大打折扣。

在视觉符号转化中，往往存在两方面的问题。

一方面是"重形式轻内容"。主流意识形态传播不仅是内容的传递，还在于其价值和意义的确认与再生产，是信仰的内化。视觉文化下的视觉符号感性生动，容易吸引民众的注意力，为此，主流意识形态的感性传播非常注重把抽象的理论转化为直观感性的视觉符号，但在实践中容易出现"重形式轻内容"的不良倾向，因为视觉符号强调的是象征意义和表意功能，即表征意指，但是如果过于注重主流意识形态的视觉符号的形式性转化，就会间接贬低内容在传播中的重要性，从而容易走入另一极端，陷入传播的形式主义泥淖，因此，视觉符号表征不能和真实的内容相剥离。近年来，"手撕晖"类以及"油头粉脸"时装剧类的抗日英雄影视片广受观众诟病，不仅没有达到主流意识形态传播的目

---

① BAUDRILLARD J. *Simulacra and Simulation* ［M］. Ann Arbor：University of Michigan Press，1994：79.

的，反而让人反感，其根本原因就是只是借用了抗日英雄主义、爱国主义的视觉符号外壳，但偏离了真实的要表达的爱国主义内容。类似的还有很多讲究形式、忽略内容的"低级红高级黑"的视觉符号表达。

另一方面是"重内容轻形式"，忽视主流意识形态意义的再生产，只是呆板地强调内容，在视觉符号上的转化做得远远不够。出现这种情况的原因很大程度上是一些宣传工作者和理论工作者习惯性采用实用主义的主张，采取的是僵化式的"灌输"：主流意识形态只要在时间和空间上传递出去就算完成，忽略了信息流动上意义生产的规范性向度，忽视了主流意识形态传播中人的主体性发挥，漠视了人与人之间感官（特别是视觉感官）上的沟通和交流，导致了传播媒介"只有信息，没有意义"的普遍存在。信息的物理性移动向度并不是传播的内容和目的，信息在传播的过程中再生成和新构建的价值和意义才是主流意识形态传播的目的。因此，在强调内容的基础上，不能忽略生活性和通俗性，还必须合理合情地进行主流意识形态的视觉性转化，让能指所指共同发力，既能够很好地被受众感知又能够在视觉符号转化的感性传播中进行意义的再生产，完成权力的隐性控制。

（四）碎片化冲击：整体性的缺失

我国传播学学者邵培仁认为"只有优秀的模式才能发挥 5 大功能，而优秀的模式又必须符合 5 条标准，即呈现性、整体性、超陈性、启发性、现实性。"① 视觉文化视域下我国主流意识形态感性传播在视觉的感性呈现、情感启发、现实指意方面具有天然的优势，并超越了陈旧的理论化、系统化、理性模式的传播思想、观念和构架（超陈性），但在视觉的冲击下，容易以碎片化的视觉感触带来主流意识形态认知的整体

---

① 肖容. 整体互动论：独树一帜的传播模式——略论邵培仁的传播学研究 [J]. 徐州师范学院学报，1992（3）：140.

性缺失，因而出现对我国主流意识形态理解的片面，以所谓局部的"所见"来替代全部，这是一个普遍的缺陷。在现实中，我们又不得不承认网络媒介（尤其是视觉综合性媒介）以其强大的碎片化特性逐渐改变了人们认识世界的思维逻辑和行为习惯，民众通常酷爱在互联网上根据自身的喜好选择性地浏览信息和交流互动，同时为适应生活节奏的改变，人们也习惯利用碎片化的时间来接受碎片化的信息，而在网络信息爆炸式增长的背景下，一些营销号或者别有用心之人为了获取更大的利益，常常断章取义，将完整的信息截取只言片语并大肆传播，更是容易使得信息背离原本的内涵。例如，现在现实短片或者图像常出现的"标题党""舆论搭车"等现象，民众也总是被这种流于表面的形式和缺乏深度挖掘的视讯信息所吸引，最终将导致人们价值观的碎片化，阻碍主流意识形态内容传播的完整性。

一个显著的案例，当今时代基于视觉媒介技术支撑的短视频包含了大量的视觉信息，必然导致信息所潜隐的意识形态内容碎片化，浸淫于日常生活的短视频（比如抖音）占据了人们休闲生活的很多时间，使得人们缺乏对主流意识形态系统性的感知，获得的相关认识也是零碎的、浅薄的，进而加大了人们对主流意识形态认知的难度，损害民众持续性思考和系统思维的能力，"其结果是，我们对那些具有永恒意义因而也就在文化特征方面显得极其重要的东西，也一再表现出忽视和遗忘"①。例如数分钟的抖音视频、100字以内表情包符号化的微信，这些技术性传播媒介让主流意识形态传播失去了完整的内涵和逻辑。此外，视觉文化下的感性传播模式中，由于注意力的关系，人们的思维和语言表达也容易碎片化的，比如把社会主义核心价值观三个层面的内容割裂

---

① ［美］丹尼尔·杰·切特罗姆. 传播媒介与关国人的思想：从莫尔斯到麦克卢汉
　　［M］. 曹静生，黄艾禾，译. 北京：中国广播电视出版社，1991：18.

开来视觉化表达，视觉媒介和感知往往又没有文字表达的完整和系统，那么人们就很难对社会主义核心价值观有一个整体上的印象，对社会主义核心价值观的丰富内涵、价值和意义的阐释和领会也取决于传者和受者的编码和解码。

（五）即时效应：时效突出但效果不易持续

感性反馈往往是个体对对象的短期性反应，这种反应通常与激情、情境、心理、场景等联系在一起，视觉文化的感性主义形态也是如此。现代媒体（电视、电影、摄影、互联网）营造了人们视觉观感的情境，构成媒介观感的代码、材料、技术、感知实践、符号功能以及生产和消费的制度条件在"看"的特定时刻共同影响了个体的视觉恐慌或快感（有时两者都有）。这种视觉带来的感性观感，在具体的情境下反应非常强烈，能极大地安抚、触动、唤醒个体心理，但情绪性或者说情感性的催动即时效应明显，也会随着时间的推移不断弱化，不易持续性发生作用，长远效应较难取得。比如我们在观看爱国主义影片时，往往激情澎湃，产生浓烈的家国情怀，形成即时的价值观情感共鸣，待观影结束后这种心情慢慢平复。又如，每一次国家纪念仪式前后，主流媒体和民间舆论场都通过多样方式展开大规模宣传；同时，大量网民也在各种网络社交平台积极参与，共同营造了"你我同在"的情境和氛围。待纪念仪式结束后，随着时间的推移，群众被激起的情绪不断降温，氛围逐步淡化。所以，感性传播的道德情感、精神品质等主流意识形态涵盖的内容，会随着时间的推移不断淡化，其传播的效果不断衰减，难以维持其持续性。前面陈述的是一些国家结构或者文化宣传机构开展活动，我们知道，感性传播也强调个体的自发自觉的情感人际交往，进而依托交往传播主流意识形态。但是，个体的情感供给能力、自身具有的解释效力更弱，在长期性的情感支持上更无优势，"传播者也只能从受众处获得有限的或间接的反馈"①，这样一来，长期性的传播效果更是大打折扣。

（六）去中心化和圈层化：消解主流价值共识

以个人的感性交往、电视等视觉媒介构建的形象为依托的感性传播，相较于传统传播模式，其信息传播方式既是"一对多"，也是"多对多"，但在发展倾向上越来越走向"多对多"，形成极其复杂的信息扩散拓扑网状传播结构。视觉主导下的感性主义导致多节点、无中心设计权力结构相较于传统的单向度权力结构门槛更低，传播主体的设置和传播内容的选取也更自由，每一个传播主体都能成为各节点之间新的中心点，传播内容的权力逐渐从中心向多元分化，弱化了主流意识形态传播的控制力。总之，在视觉文化语境下，主流意识形态内容的传播形态有其虚拟性一面，带有"去中心化"特质，也就是传播主体的多元化和传播内容的多样化，带来了各种思想认识、价值观念、社会思潮多样、多元和多变的复杂局面。为非理性的"感性""成潮"提供了介质，以极大的情绪煽动力助推舆论形态成形，加剧了社会思潮的可控难度，影响主流意识形态安全。

同时，现代大数据技术在视讯精准推送方面极易打造"信息茧房"，使得信息聚集极化，阻碍主流意识形态引领。比如，我们经常接触的"热搜"视讯就能够主动提供用户感兴趣的内容，用户越是积极响应"热搜"内容，"热搜"就会形成更大信息热度，推荐更多视觉图像、影音、视频给用户，用户受到同类信息的裹挟就越明显，也就是我们通常所说的"信息茧房"。视觉影音无形中构筑了一道屏障，其他的信息被阻挡在外，导致圈层里的信息内容和意见观念同质化，最终产生

---

① ［英］麦奎尔，［瑞典］温德尔.大众传播模式论［M］.祝建华，译.上海：上海译文出版社，2008：22.

"回音室效应"。而"回音室"是形成偏狭认知的温床，大数据的"推荐算法"和智能化的协同过滤算法强化了"信息茧房"的围墙，导致异质性的信息长期缺失，造成群体认知的极端化。由于很多受众特别是年轻的大学生尚未形成稳定的价值观，媒介素养也存在欠缺，"当他们只收到愉悦感的信息而缺乏政治光谱另一端的信息时，就导致辩证思考的缺场而麻痹了'准统计感官'，限制了他们的认知理性"①。因而，"信息茧房"会使得受众认知水平呈现出感性传播的负面效应，如浅薄化、庸俗化和极端化的特点，被各种观念和思潮带乱带偏，缺乏辩证性思考，甚至丧失马克思主义的立场，严重阻碍主流意识形态的引领。

## （七）商业化和娱乐化：侵蚀主体视觉建构

社会不是凭空建构的，通过"看"，人才能理解世界——视觉文化强调"看"生产社会结构和社会关系，以及对现有社会结构和社会关系的反思和批判，实质就是强调主体的视觉构建，其中蕴含的意识形态和价值观对人的精神观念、主体意识产生影响，最终影响"社会领域的视觉建构和视觉领域的社会建构"。由于中国已经具备了消费社会的若干特征（前文已经翔实论证过），视觉文化视域下主流意识形态感性传播的载体在于视觉媒介，而视觉媒介具有产业属性，在视觉消费蓬勃发展之际，追求快感和符号消费的商业化和娱乐化迅速崛起，与日常生活空间不断黏合，视觉消费和娱乐成为个体存在的一种重要方式。无所不在的手机自拍，网络视频不断生产图像，消费图像，导致视觉建构的日常生活意识形态日益兴起。

在商业化的视觉消费背景下，人们过多关注商品（包括文化商品）的外观而不是实际功能，也就是对商品外在感性形态的符号进行情感性

---

① 温旭，倪黎. 西方数字文化霸权对大学生价值观影响研究［J］. 当代青年研究，2021（2）：104.

的占有，产生"炫耀性消费"。这种感性体验是典型的诉诸人的感性意识的，也是从"物的交换到交往"的转变，但带来的后果是在强大的现代资本逻辑面前，一些商业化、功利化、娱乐化的视觉形象（符号）在一定程度上离散和消解了主体的视觉建构，在购物中心琳琅满目的商品或商家精心策划的促销活动中，真正要宣扬的主流意识形态被抽离，只留下虚妄的快感和意义的退场。在娱乐化的视觉消费中，人们对于"神圣世界"的认识不再敬畏，人们看到的和所建构的世界变成虚妄的符号、夸张的铺陈，带来整个社会人心的浮躁，不利于社会的稳定。

（八）官方化：忽略生活性

主流意识形态的感性传播在内涵上不仅是权威机构的感性化传播，也注重个体通过人际交往的感性传播。但在实际中，让抽象的主流意识形态变得越来越有"视觉感"，主要是在国家主管的文化机构、宣传机构等精心营造下进行视觉化感性传播，比如官方主导的各种视觉媒介事件、典型人物宣传、身边的好人好事、校园景观、红色文化景观等，都能够唤起和点燃的民众的感性情绪。毫无疑问，新时代主流意识形态感性传播中，类似于官方主持和支持的视觉展演是极度重要的主流意识形态感性传播方式，发挥着极大的作用。但是，尽管官方主导的主流意识形态视觉感性化传播都有悉心策划和精心组织，"国家符号、国家价值观"的在场是主流意识形态传播的权威性和合法性的有益背书，但是有时候为了符合规范性，在形式设计和内容安排上过于程序化，显得僵化、呆板，无形中就拉开了与普通民众的距离。可见，上述实践还存在局限，存在过于官方化、过于政治化的倾向，不能满足所有人的胃口，只有贴近实际、贴近生活、贴近群众，才能极大地调动民众情绪。

因此，不能忽略视觉文化视域下主流意识形态感性传播的另外一层意涵，那就是还需要唤醒个体自发自觉的感官感性和人机交互新感性，通过人际感性交往也能够发挥人人传播主流意识形态的效果。如果过于突出国家主导的视觉话语，就会使主流意识形态感性传播有过于"官方化"而丧失视觉话语的灵动、活泼，走向民众生活性的反面，步入宏大的政治传播范畴而不是微观层面的日常生活传播，从而削弱民众参与的积极性，违背感性传播主动感性参与初衷。

# 第五章 视觉文化视域下我国主流意识形态感性传播的策略

> "能否做好意识形态工作，事关党的前途命运，事关国家长治久安，事关民族凝聚力和向心力。"①
>
> ——习近平

在新的时代背景下，我们生活在由图像、视像、拷贝、复制、仿像、幻象构建的"视觉"当中——"世界被把握为图像"。以视觉为主因的视觉文化日益转向感性主义形态，与主流意识形态传播在关键的"感性"层面获得了一致性的认同，驱动主流意识形态传播方式逐渐摆脱理论系统化阐释所带来的政治色彩过浓、说教意味过重的困境，而以日趋视觉化、直观化、情感化的感性模式来扩大主流意识形态的传播力、号召力与影响力。不管是什么理论，"如果不为人民群众所掌握，即使是最好的东西，即使是马克思列宁主义，也是不起作用的。"② 因此，要将理性、抽象的主流意识形态转化为感性生动的"视觉"材料，让群众看得见、摸得着、听得懂，以更好触动人民的情感共振、唤醒人

---

① 中共中央宣传部．习近平新时代中国特色社会主义思想三十讲［M］．北京：学习出版社，2018：213.
② 毛泽东．毛泽东选集：第4卷［M］．北京：人民出版社，1991：1515.

民的价值认同、引领人民的行为实践。基于前面五章的论证，我们明白视觉文化视域下我国主流意识形态传播为什么要进行"感性选择"，其合理性在哪里；进而通过论证"看"的意识形态，发挥作用的内在逻辑、运作机制，特别是针对视觉文化视域下我国主流意识形态感性传播的现状审视，透析了其中存在的若干问题、相应进展……上述研究提示我们做出相应的策略改变，以更好地满足人民群众的感性需求，更好地推进主流意识形态大众化。同时，也应该注意到，由于主流意识形态本身具有的崇高性和严谨性，探索创新主流意识形态传播的感性模式同样需要毫不动摇地坚持马克思主义在意识形态领域的指导地位，坚持党管宣传、党管意识形态，以确保意识形态的话语阐释力、理论核心力不缺失、不流失，要求我们立足政治性、提升适配性，使社会主义意识形态真正沁心脾、铸魂魄，成为开启实现中国梦的伟大征程的定海神针。因此，接下来顺理成章地推出本章的内容，即提出视觉文化视域下我国主流意识形态感性传播的相应策略，为我国主流意识形态传播开辟出更好的通道。

## 一、视觉文化视域下我国主流意识形态感性传播必须坚持的原则

视觉文化视域下我国主流意识形态感性传播必须毫不动摇地坚持马克思主义理论，特别是马克思主义新闻传播观的指导。具体表现为：

坚持中国实际原则。新时代我国主流意识形态感性传播要坚持中国实际原则。视觉文化视域下的主流意识形态传播离不开中国实际，其传播必须符合中国国情，符合中国具体实际，符合中国传播语境，在马克思主义理论指导下运用。马克思认为，"观念的东西不外是移入人的头

脑并在人的头脑中改造过的物质的东西而已。"① 感性传播作为中国特色社会主义意识形态的重要传播途径，是要植根于中国共产党领导的社会主义革命与建设的伟大实践的，必须从社会主义最本质的层面为中国的第二个百年奋斗提供滋养。新时代，我们既探寻主流意识形态的有效传播模式，也会借鉴西方传播理论的某些概念，比如新感性、媒介仪式等，但这些概念下的感性传播是以马克思主义新闻传播观为指导的，是以中国特有的视觉媒介、视觉事件为分析的，犹如中国马克思主义新闻学理论奠基人甘惜分先生所述——"立足中国土，回到马克思"。

坚持党性原则。视觉文化视域下的主流意识形态感性传播要坚持党性原则。马克思主义新闻传播观的精髓是党性原则。② 党性原则是马克思主义新闻传播观最根本的指导原则，也是中国共产党宣传工作最重要的工作原则。③ 我国主流意识形态感性传播要始终坚持党性原则，不仅在政治、思想和组织上和党中央保持一致，而且要高度反映人民的心声，把体现党的主张和通达社情民意统一起来。新时代必须把党性原则贯彻到主流意识形态感性传播的各个环节。充分发挥感性传播的宣传、教育、动员功能，唱响主旋律、弘扬正能量，争取舆论斗争主动权、加强主流意识形态建设、弘扬社会主义核心价值观。④

坚持以人民为中心原则。以人民为中心是马克思主义新闻观的核心和本质，视觉文化视域下的主流意识形态感性传播要坚持以人民为中心原则。党的十八大以来，习近平总书记指出要把人民群众作为意识形态工作的主体，指出"要树立以人民为中心的工作导向，把服务群众同

---

① 中共中央马克思恩格斯列宁斯大林著作编译局. 马克思恩格斯选集：第 2 卷 [M]. 北京：人民出版社，1995：112.

② 季为民，叶俊. 论习近平新闻思想 [J]. 新闻与传播研究，2018，25（4）：5—16.

③ 郑保卫. 中国共产党领导人新闻实践与新闻思想研究 [M]. 北京：中国人民大学出版社，2011：20.

④ 顾保国. 完善坚持正确导向的舆论引导工作机制 [N]. 解放军报，2020-4-15（7）.

教育引导群众结合起来，把满足需求同提高素养结合起来，多宣传报道人民群众的伟大奋斗和火热生活，多宣传报道人民群众中涌现出来的先进典型和感人事迹，丰富人民精神世界，增强人民精神力量，满足人民精神需求"①。感性传播与人民群众的日常生活密切相关，也正是扎根于人民群众的日常生活才能真正地在更为隐秘化的私人空间落小、落细、落实，最终潜移默化地影响人民群众的价值观念。因此，感性传播要增强以人民为中心意识，要围绕人民这个中心，要找准人民这个坐标定位，要关注民众的需求，越接近日常生活，就越能体现生活的本质，从而争取民众的信任。

坚持正面宣传原则。视觉文化视域下的主流意识形态感性传播强调视觉中心主义下的"感性"，感性相较于理性有其现象而非本质，表层而又情绪化的一面，容易被情感所左右，所以感性传播要去除非理性的冲动、情绪化的表达所带来的负面效应，要坚持正面宣传原则。习近平总书记在全国宣传思想工作会议上强调指出："坚持团结稳定鼓劲、正面宣传为主，是宣传思想工作必须遵循的重要方针。我们正在进行具有许多新的历史特点的伟大斗争，面临的挑战和困难前所未有，必须坚持巩固壮大主流思想舆论，弘扬主旋律，传播正能量，激发全社会团结奋进的强大力量。关键是要提高质量和水平，把握好时、度、效，增强吸引力和感染力，让群众爱听爱看、产生共鸣，充分发挥正面宣传鼓舞人、激励人的作用。"② 主流意识形态感性传播坚持正面宣传原则，能够客观地反映社会主义的本质和新时代中国社会的主流，阐释好习近平新时代中国特色社会主义思想，宣传好党中央重大决策部署及取得的成

① 习近平. 习近平在全国宣传思想工作会议上强调 胸怀大局把握大势着眼大事努力把宣传思想工作做得更好 [N]. 人民日报，2013-8-21.
② 习近平. 习近平在全国宣传思想工作会议上强调 胸怀大局把握大势着眼大事努力把宣传思想工作做得更好 [N]. 人民日报，2013-8-21.

效，展示好广大人民群众新时代新风貌，破除视觉文化视域下的娱乐主义和消费主义带来的视觉干扰，激发全党全国人民团结奋进的强大力量、战胜艰难险阻和重重困难的决心。

## 二、视觉文化视域下我国主流意识形态感性传播的要点

### （一）感性意识的呈现

在主流意识形态的感性转化上，要把理论形式的意识形态所蕴含的价值理念和意义指涉，以感性形式呈现出来，形成感知效应，主要在于转化话语叙事模式，加强传播供给力。以图片影像为主的视觉呈现已成为当前人们最主要的信息获取方式和沟通交流习惯，动态的视听媒介能够对感官全覆盖，其特有的柔性传播十分容易引起信息受众的心理共鸣，而视觉叙事便是以此为机理，集合调动人类一切直觉类感官，虽缺少文字叙事的逻辑性，但其本身的不确定性却强烈激发了受众的高度参与性，可以将主流价值观隐匿在可视化信息中，便于大众更快更精准地把握主流意识形态的精髓内涵。很显然，这是主流意识形态走进群众、深入人心的有利选择。将抽象的政治内容转化为生动形象的政治图像，不仅符合当下人们接收信息的选择惯性，更利于国家社会与民众之间进行更直观的象征互动。首先，官方要主动引领客观公正的视觉语言方向。在视觉叙事中，在强调叙事权威性的同时更加注意柔性表达的运用。不单单要给予受众震慑力，更要刚柔并济，形成强大的情感感召力。巧妙利用视觉叙事的象征艺术，使主流意识形态传播内涵更丰富、更饱满、更具有冲击性，显著提升叙事的感化效果。其次，构建庞大的图像体系。要善于从我国源远流长的历史长河中挖掘提炼图像元素，不论是古老的传统文化，还是红色文化，都为主流意识形态的视觉叙事提供了丰富素材。最后，要强调与现实生活的连接，利用图片影像的鲜活

性有效改善意识形态传播的嵌入性，激活民众意识形态传播的参与感、融入感。同时，广泛利用主打视觉感官体验的各种载体。不单单运用平面静止的图像元素，而是"将传统的静止平面化的图像元素进行动静结合、声色并茂、虚实交互的立体化整合"① 使理论形式的意识形态立体呈现。

（二）感性行为的转化

在感性行为上，探究建构主流意识形态传播的日常生活化机制，特别是日常消费活动中的视觉消费感性行为的有益转化。我们知道，经济从生产占据主导，到发展为消费地位的提升，从最初单纯的对物的占有过渡到对符号的占有，消费越来越表现为主体对物的符号意指功能的积极性接纳，以此来表现主体的身份与地位，这成为当代社会个体关于自身的一种言说，表明了从生产领域到消费领域的意识形态操控的转化。进而，意识形态转化为"商品"，导致日常生活的三个构成部分——日常消费活动、日常交往活动和日常观念活动，在主流意识形态传播中的地位发生变化。从更为抽象的维度来看，视觉消费还进一步转化为一种文化现象，这种文化现象的特殊性在于高度的可感知。可见，必须高度重视新时代的视觉消费，积极推动主流意识形态在日常生活"视觉消费"中的转化及实践，为主流意识形态感性传播注入新动能。首先，需要端正大众的消费观念。习近平总书记强调，"不论我们国家发展到什么水平，不论人民生活改善到什么地步，艰苦奋斗、勤俭节约的思想永远不能丢。"② 积极营造健康向上的社会消费氛围，促使民众正确看待人与消费辩证关系的深层次本质与意义，帮助他们抵制消费主义的侵

---

① 李晓阳 . 新时代主流意识形态视觉化传播的路径探析［J］. 党政干部学刊，2020（3）：27.

② 习近平 . 习近平在参加内蒙古代表团审议时强调 保持加强生态文明建设的战略定力 守护好祖国北疆这道亮丽风景线［N］. 人民日报，2019-3-6（1）.

蚀，树立正确的消费观念，为社会大众得以在视觉消费层级内更高效地与我国主流意识形态实现高质量互动创造可能性空间。其次，纠偏大众的消费行为。让马克思主义消费观融入当下的消费热潮中，使其既要与我国社会主义市场经济的发展逻辑融洽，也要凝练形成利于我国社会主义意识形态宣传教育的推动因子，引导大众超越低层级的感官性视觉刺激，追求视觉文化下的真、善、美，构建大众积极的视觉消费习惯，使视觉消费热点从关注产品符号本身转变为其内在文化与情怀，进而使他们主动接触中华文化浓厚、民族特色显著的健康有益的视觉消费产品，实现感性行为转化，最终促进我国主流意识形态在视觉消费范围内的良性传播。

### （三）感性秩序的开发

在感性秩序上，探究构建主流意识形态传播的感性认同机制，唤醒优秀传统文化和稳定的社会习惯等感性要素，进行创造性的视觉转化，形成感性传播的优势。要尊重固有的感性秩序，加强思想文化领域的感性要素开发。一方面，要充分挖掘中华优秀传统文化资源。"中华文化源远流长，积淀着中华民族最深层的精神追求，代表着中华民族独特的精神标识，为中华民族生生不息、发展壮大提供了丰厚滋养。"① 优秀的传统文化实际上映射了中华民族长期以来积淀的心理、精神等各方面的需求，显现的是一种具有标识性的感性秩序，与西方社会文化相比，中国的社会文化中渗透着更多的感性主义成分，而且不论是传统文化还是现代文化都蕴藏着丰富的视觉文化资源。为此，要积极对中华优秀传统文化进行内容性开发，挖掘其中与主流意识形态相契合的内容，并与时代发展诉求和民众心理相结合，使主流意识形态传播实现创造性视觉

---

① 习近平. 把培育和弘扬社会主义核心价值观作为凝魂聚气强基固本的基础工程 [N]. 人民日报，2014-2-26（1）.

转化和创新性发展。另一方面，要充分挖掘人民群众日常生活故事，提取、彰显其中的感性生活理念、行为和秩序。日常生活是人生存、再生产以及人际交往的栖息地，也是所有社会关系生产的出发点，是利益主张、思想行为、价值观念碰撞的核心场所，其中包含的感性要素更能引起人们的共鸣。因此，要充分挖掘日常生活中与主流意识形态相关的各类小事，借助图像叙事塑造成具象化的视觉形象，以视觉化、艺术化的形式再现一系列的生活故事，为主流意识形态的传播构建出形象的生活场景。

### 三、视觉文化视域下我国主流意识形态感性传播的路径优化

#### （一）全面推进媒介深度融合

主流意识形态要想得到广泛传播和社会公众的普遍认同，就必须负载于具体的事物之上，形象生动地展示给社会公众。在视觉文化视域下，视觉媒介主要充当了这个桥梁，由于对事物的认识有的是基于具体的事实，有的是基于情感和意义的扩展，这就是牵涉到"媒介形象"的问题。形象与大众传媒紧密结合，媒介制造了形象，继而通过媒介形象的操控完成隐性的意识形态控制。以视觉媒介为载体，视觉技术为支撑的运作机制意味着视觉技术系统下观念和情感发生了感性变化，这些视觉技术的变化迎合了人的需求，同时人们也乐于拥抱这些技术下的信息传播的变化。又由于在信息极富丰裕的情况下，人的专注力容易被发散并"碎片化"。因此，主流意识形态传播如果不是富有视觉的感性吸引力，是很难吸引用户眼球。这就要求全面推进媒介融合，不断刷新形象生产能力，满足个体对信息的获取、传播、再生产的视觉感性需求。

一是进一步强化推进媒介融合的政策供给。为提高我国主流意识形态传播的影响力、公信力、传播力，中共中央办公厅、国务院办公厅、

中宣部、科技部、国家新闻出版总署、国家广播电视总局等党和政府部门陆续发布了系列文件，其中有 2014 年的《关于推动传统媒体和新兴媒体融合发展的指导意见》、2016 的《关于进一步加快广播电视媒体与新兴媒体融合发展的意见》、2017 年的《关于促进移动互联网健康有序发展的意见》和《国家"十三五"时期文化发展改革规划纲要》、2018 年的《关于加强县级融媒体中心建设的意见》、2019 年的《县级融媒体中心建设规范》和《总局关于创建广播电视媒体融合发展创新中心有关事宜的通知》以及《关于批准建设媒体融合与传播等 4 个国家重点实验室的通知》、2020 年的《关于加快推进媒体深度融合发展的意见》……文件强调了从"内容""技术""服务"到"流程"的"深度融合"，标志着我国媒介融合发展进入新阶段，也意味着大众传播领域正在进行一场深刻革命。媒介融合推进了以视觉为主导的综合性融媒体的发展，顺应了主流意识形态传播移动化、社交化、视频化的趋势；强化了视觉媒介的形象包括图像、影像，仿像等生产、传播、转化能力。例如，2019 年 11 月科技部发布《关于批准建设媒体融合与传播等 4 个国家重点实验室的通知》就提到了强化科技支撑，批准建设"超高清视音频制播呈现国家重点实验室"等 4 个实验室的布局，契合互联网信息时代特别是人工智能、数字技术发展下偏重以身体的沉浸式、交互式感觉为主的新感性传播发展态势。视觉文化视域下的主流意识形态感性传播的宏观媒介环境构建，势必要推动媒介融合发展，把媒介技术建设和视觉化内容建设摆在同等重要的位置。

二是特别要关注视觉技术的融合性升级。全面推动媒介融合必须坚持马克思主义理论为指导，科学布局，努力探索大数据视觉展现、边云协同技术，发展移动视觉客户端等新应用新业态，深刻认识视觉综合性融媒体建设的重要性紧迫性，推动新旧媒体在流程管理、人才技术、政策措施、体制机制等方面加快融合步伐。其中，技术层面的融合是最直接也是最有效地推动媒介融合的一种方式。一方面，由于传统媒介的兴起时间比较早，这就导致传统媒介慢慢地形成了一些老旧的、固定的模式，多以文字编排为主。高度凝练的文字难以满足人们的需要，同时传统媒介也更容易受到时间和空间上的限制，传播信息的效率受阻，也难以抵挡住新兴媒介的冲击。以报纸为代表的传统媒介又恰恰是主流价值观传播的主阵地之一，而视觉媒介通过大数据、VR、数据可视化等技术成为当今受欢迎的媒介之一，视觉媒介创造出的感性形象"凭借自身直观可感的形式表征和情真意切的情感在场，具有切入主体感官认知和触发主体情感体验的先天优势"①。所以推进媒介融合，需要考虑传统媒介的视觉化，给公众带来新的视觉体验。例如传统报刊需要推动数字化建设，改善报纸的版式与编排，对重点信息进行提炼，插入图片、视频信息等元素，节省用户阅读信息的时间，提升新闻报道的吸引力。另一方面，我们关注到的发展趋势是，随着5G、人工智能、大数据、虚拟现实、区块链等信息技术的发展，推动人与机器的融合得到广泛关注，媒介的转型越来越体现在技术层面的转型，可以说，在这个时代，没有技术加持，媒介就无法获得广泛性的应用。视觉媒介的发展与先进技术结合紧密，通过将真实与虚拟的结合，超越时间与空间的限制，直抵人的感觉器官。这些新技术运用在媒介传播中，极大地丰富了视觉媒介的形式和传播形态。因此，落实关键技术对媒介进一步融合发展至关重要。以视觉性为主的电视发展来说，已经开展了利用网络资源、硬件设备，在智能终端实现基于电视大屏裸眼观看的 VR 视频应用，甚至推出了电视三维博物馆，用户通过遥控器就可在虚拟三维博物馆场景中随

---

① 李晓阳，张明. 视觉文化视域下主流意识形态感性传播的机理探究［J］. 湖北行政学院学报，2019（6）：15.

意漫游，通过活灵活现的图像表达、仪式构建等在增加用户视觉快感的同时，也能使用户实现自我认同的确认和社会意义实现的满足。依托用户、网络和平台优势，打造融媒体 VR/AR/MR 生态圈和产业链，提升融媒体的高技术含量，促成视觉技术在媒介融合中的应用成为一大发展方向。

三是不能忽略媒介传播文化的融合。我们在推动媒介融合中，往往强调硬件的应用，而推进媒介融合发挥主流意识形态的视觉化效应，有效开展感性传播，还必须要注意到经常被忽略的各种媒介传播文化的融合。每一种媒介在发展的过程中都有属于自己的独特文化。传统媒介的文化强调的是"以自我为中心"，即着重发挥其对多元文化的"统合"作用，对受众者更多的是一种教化、俯视的高高在上姿态，而在视觉媒介的文化中，既包含了对多元文化的统合，更是以其直观的、当下的和带来快感的特点契合了人的认知特点，充分肯定和回应了受众者的感性、审美思想。可见，两者融合在文化上是由传统媒介以自我为中心到视觉媒介以受众者为中心的转变。在融合中，传统媒介与视觉媒介间的冲突并不意味着两者之间的对立，或者是一方彻底取代另一方，而是两者相互塑造的过程。因此，在推动传统媒介与视觉媒介文化的融合过程中，两种媒介文化之间的变革融合是不可或缺的。传统媒介既需要改变单一的灌输、公众被动接受的媒介文化传播模式，也需要保存媒介文化中的人本主义思想，积极为"数字障碍"人群弥合"数字鸿沟"，更好地体现人本主义。同时，也需要借助视觉媒介文化，增加分众化服务，来推动传统媒介文化的兼容性，提升受众者对主流价值的接受能力。此外，由于视觉媒介的媒介文化在于以图像为主导，随着信息技术的发展，图像主导的文化范式愈益成为当代社会的常态景观。"感性形象转变为当代人的一种生活方式，即所谓视觉化或图像化生存。"① 视觉媒介的文化发展要从传播主流价值思想的视觉角度出发，通过对图像、数字化信息的整合，完善"参与式文化"、沉浸式体验，鼓励公众将自己所经历的事情和自己思考的成果以数字化的图文声像形式与他人进行分享，需要把这些有效的、积极的视觉媒介传播文化与其他形式的媒介传播文化融合，最大化发挥其所长。同时，也要不断创新视觉媒介的技术，提高公众参与互动以及自主创作的积极性，使视觉媒介文化能更好地融入群众的感性生活，比如利用"穿戴式"、投影影像等设备，促进技术与人一体融合，通过人的视觉器官延伸人对主流价值的深层次感知，增强主流信息传播的时效性，推动主流信息的大众传播、群体传播，实现主流意识形态的视觉渗透。

四是打造视觉文化产业，激发传播新势能。立足资源优势和制度优势，全方位打造视觉文化产业高质量升级版势在必行。这不仅有利于增强主流意识形态的亲和力和感染力，更有利于强化大众对主流意识形态的认同感和信任感，如《漫长的革命》一书所述，"视觉景象使事物直接呈现在我们面前，这种对事物真实性的信服延展到了对事物影像的信服。凭借经验，影像与词语相比能够直接而迅速地被人接受和理解：在那里，完整，真实。"② 从而，主流意识形态"润物细无声"浸润大众日常生活及精神世界。全面推进媒介深度融合，发展视觉文化产业，必须注意以下几点：首先，必须挖掘传统文化，重视现代文化。中华优秀传统文化具有巨大的文化熏陶价值，应高度关注对中华优秀传统文化的挖掘与整合，以使视觉文化产业根基牢固，内涵深刻。同时要注意现代文化的资源重组，破除传统文化与现代文化实现融合相通的隔阂障碍，

---

① 肖胜伟. 视觉文化与图像意识研究 [M]. 北京：北京大学出版社，2011：4.
② ［英］雷蒙·威廉斯. 漫长的革命 [M]. 倪伟，译. 上海：上海人民出版社，2013：1.

力求最大化地持续实现视觉文化产品的推陈出新。其次，顺应时代趋势，优化产品供给。随着科技与人类生活日益紧密，借助科技提升视觉文化产品附加值已是必然之举。例如，在我国主旋律电影中运用科技成果，既增加观感体验，也提升价值观认知认同。同时，需要注意分析各类受众的不同文化需求，科学适当地调整供给内容，以进一步提升视觉文化产品在互联网时代的传播效果。再次，实现合作共赢，输出文化精品。积极鼓励视觉文化产业中的相关企业以自身优势为基点形成强强联合，尽可能在高水平竞争中实现高效率合作，在相互协作中打造出击中大众兴奋点的文化精品，以使主流意识形态能够在精妙的视觉文化产品中得到呈现与诠释，受到人民喜爱与追捧。最后，加强市场监管，确保视觉文化产业健康发展。文化市场监管部门应坚持政治引领、文化铸魂，严防死守世界观、人生观、价值观这个"核心枢纽"，坚决限制低级、庸俗的和易产生负面影响的影像文化产品流入市场，在维护好视觉文化市场良好秩序的同时做好预防措施，以保证视觉文化产业始终朝积极健康的方向发展。

（二）融入人民群众日常生活

习近平总书记在中共中央政治局第十三次集体学习时指出："一种价值观要真正发挥作用，必须融入社会生活，让人民在实践中感知它、领悟它。要注意把我们所提倡的与人们日常生活紧密联系起来，在落细、落小、落实上下功夫。"① "日常生活"在普遍生活意义框架内更加强调"日常"，是"那些同时使社会再生产成为可能的个体再生产要素的集合"②，主要包括日常消费活动、日常交往活动和日常观念活动。

① 习近平．习近平谈治国理政：第 1 卷［M］．北京：外文出版社，2018：165.
② ［匈牙利］阿格妮丝·赫勒．日常生活［M］．衣俊卿，译．重庆：重庆出版社，1990：3.

日常生活是意识形态产生、发展的出发点，也是意识形态最终的落脚点，新时代重视主流意识形态融入人民群众日常生活是意识形态工作的必然要求。"一种意识形态成为社会主流意识形态，是因为信奉这种意识形态的政党或集团执掌国家政权，并使这种意识形态在全社会传播，被社会大多数人接受和信奉。"① 可见，任何一种意识形态只有根植于日常生活，才能真正为大众所理解和接受，从而为社会的稳定发展和文明进步奠定重要基础。随着现代网络信息技术的兴盛，现代文化正在脱离语言中心论走向视觉中心论，从以理性为主导的线性逻辑过渡到以感性为主导的视觉逻辑。视觉文化时代的到来，深刻地影响了信息的生产与传播方式，也在改变着人们一贯的思维认知与交流习惯。因此，面对视觉文化时代更加感性的信息传播特点，主流意识形态必须要努力实现由理论文字向视觉感性认同的转化，以人们的实际需求为导向，转变固有的传播方式，并通过实践使其走向大众的日常生活，让主流意识形态主导和规范每一个社会成员的价值信仰与行为准则，最终为中国特色社会主义事业和中华民族的伟大复兴构建起坚实的共识基础。

1. 以人为本，尊重人民群众实际需求

一是要尊重人民群众对于视觉文化的需求。一方面，从人的生理认知特征来看，视觉文化更能满足人们生理认知规律。人类是视觉性的动物，人的信息来源 70% 以上是来自于视觉，通过视觉感官眼睛来获取的。相比于其他感官系统，人们更愿意通过选择视觉来在最短的时间里获取最有用的信息，而且人类一直有这样的内在驱动——就是想通过"看"获取更多信息，这种内在动机驱使技术的进步，望远镜、显微镜、照相机等不断发明，使人能看得更远，看得更多，甚至能留住

---

① 朱兆中．意识形态的传播与接受问题研究：兼论中国马克思主义的传播与接受 ［J］．上海行政学院学报，2007（4）：12.

"看"的结果。视觉文化时代的来临在某种程度上就是人类追求的一个结果，是人类追求视觉享受本能欲望的充分体现。另一方面，视觉文化更加契合现代社会人们的生活特征。快节奏是现代社会生活的主要特征之一，在这种追求高效率的生活状态下，相比听与说，人们更倾向于通过更加快捷的看来接受信息，视觉化传播由此逐渐在信息传播中占据支配地位。为此，主流意识形态在传播过程中必须要站在人民立场，迎合当前人们对于视觉消费的需求，利用视觉符号具有的直观性、通俗性和能视性特征，努力把国家政策、方针、路线、价值导向等抽象的社会主义意识形态向具象化转化，并借助视觉整合型传播媒介不断普及，由概念化走向生活化。

二是要尊重人民群众的感情利益诉求，关切人民群众的精神需要。毛泽东同志号召我们做"一个高尚的人，一个纯粹的人，一个有道德的人，一个脱离了低级趣味的人，一个有益于人民的人"[①]。这讲的就是高尚的美好的精神生活追求和需要。美好精神生活需要，是人的精神生活的内在要求。在圆满完成全面建成小康社会目标后，我国社会正在朝着共同富裕的目标稳步前进。习近平总书记指出："共同富裕是全体人民共同富裕，是人民群众物质生活和精神生活都富裕，不是少数人的富裕，也不是整齐划一的平均主义，要深入研究不同阶段的目标，分阶段促进共同富裕。"[②] 在共同富裕的过程中，主流意识形态必须要结合新时代发展特征，关切人民群众的精神需要，丰富自身的思想内容和表现形式，为人们提供充足的精神给养，使社会成员能够在社会主义事业发展过程中努力实现个人的全面发展。

三是尊重人民群众的物质利益诉求。"'思想'一旦离开'利益'，

---

① 毛泽东. 毛泽东选集：第 2 卷［M］. 北京：人民出版社，1991：660.
② 习近平. 扎实推动共同富裕［N］. 人民日报，2021-10-16（1）.

就一定会使自己出丑。"① 意识形态工作不能脱离人民群众的物质利益诉求，主流意识形态感性传播要正视人民群众的物质利益诉求，想民之所想、急民之所急，积极回应现实生活中大众聚焦的、都眼睁睁盼着解决的问题，提高自身解释生活、建构生活的能力，既要体现时代性，又要彰显说服力，这样人民群众才能从心底信服并自觉接受，从而巩固主流意识形态的指导地位。为此，主流意识形态感性传播只有植根群众的生活沃土，关切、解决人民群众的切身物质利益问题，与人民群众同呼吸共命运，让人民群众"看得见"的好，才能发挥好党的理论掌握群众并引领社会的作用。

2. 注重话语转化，符合人民群众日常生活认知图式

一是合理利用日常生活思维图式的有益成分。日常生活中个体传统的思维图式实质上是一种非创造性的重复性思维，具有自在性和无意识性。这种僵化的思维图式对主流意识形态的创造性视觉转化会产生消极影响，并最终阻碍主流意识形态的大众化传播。为此，日常生活中的主流意识形态感性传播，必须要努力摆脱僵化的思维图式，削弱其对主流意识形态传播的消极影响。一方面，要辩证地看待人们固有的思维图式。我们应该认识到传统的思维图式并不全是落后的、需要抛弃的，对于传统思维图式的革新是一个扬弃的过程，要正确辨别其中的优秀基因，吸收其合理成分，引导个体建立起开放进步的思维图式。另一方面，还要积极改造日常生活思维图式中的负面因素。比如日常生活中的仪式思维图式就经常突出形式，程式化严重，内容反而有所忽略，我们就可以有针对性地强化仪式内容生产，尽量避免形式主义，在视觉化的仪式传播话语下进行转化，把视觉性的实质性内容进行彰显，既符合常

---

① 中共中央马克思恩格斯列宁斯大林著作编译局. 马克思恩格斯全集：第 2 卷 ［M］. 北京：人民出版社，1957：103.

规仪式程式，又在内容上有所凸显，进而改变民众传统的思维图式，使个体在日常生活中拥有更多的主体性、创造性和参与性。

二是推动主流意识形态传播话语的通俗化。主流意识形态传播要深入民众，必须融合民间话语形态，而不是冷冰冰的官话、套话，一味的高大上的说教不仅起不到好的传播效果，反而会脱离群众、脱离生活，拒人千里之外，只有泛着生活色调和光芒的通俗话语才能抚慰人心，真正走进人民群众的心田，并被大众朗朗上口四处传颂。由于理论的抽象性、概括性对于普通人民群众来讲本身就有一定的认知难度，这也是阻碍人民群众对主流意识形态产生认知认同的重要因素之一。因此，视觉文化视域下的主流意识形态感性传播要以人民群众的视角来进行视觉叙事，必须结合大众日常语言习惯构建起崭新的视觉叙事风格。其中最基础也是最重要的就是建立大众化的话语体系，在传播过程中尽量采用百姓视角，采用通俗易懂的视觉语言来表述，便于人民理解和强化对主流意识形态的认知。2016 年 12 月习近平在全国高校思想政治工作会议上就曾指出，"道理不如故事，讲理论要接地气，要让马克思讲中国话，让大专家讲家常话，让基本原理变成生动道理让根本方法变成管用办法。"① 只有把握群众的思维和认知模式，结合群众语言习惯，融入视觉语言当中，主流意识形态的传播才能更好地贴近生活、融入生活。

三是要处理好感性话语与理性话语二者的关系。意识形态传播内容既包含认知信息也包含情感信息，认知信息理性精准，情感信息感性模糊，这是个双重的过程。情感信息能够有效作用于认知信息的编码和解码，因而，在话语方式上，应当尽可能将感性话语与理性话语两种话语方式融合使用。过去有段时间我国主流意识形态在传播过程中往往注重

---

① 中共中央文献研究室．习近平关于社会主义文化建设论述摘编［M］. 北京：中央文献出版社，2017：100.

国家、民族类的宏大主旨，话语体系宏观而又系统、严谨而又抽象，强调"完整的叙事"，较为忽略个体微观而又私人化的、具体而又琐碎的情感表达。然而，在"世界被把握为图像"的视觉文化时代，招贴、广告、电视、网络无孔不入渗入人们的日常生活，人们的闲暇时光习惯性地被"图像"所占据——人们时不时打开手机浏览短视频，一下班回到家就打开电视……，这样的场景已经与人民群众的吃穿住行等日常生活融于一体，成为生活中司空见惯的一部分，人们也越来越习惯于视觉媒介带来的信息获取方式的感性转变。面对这样的传播环境，我们更应该把握好理性话语与感性话语各自的优势，实现"将深奥的学术话语、政治话语向接地气的日常话语的转化"①，在主流意识形态传播上以理性话语为支撑，确保理论方向的正确，同时借助感性话语注入情感，使话语表达更具温度，让人民群众乐于靠近、喜于接受。

3. 立足人民群众感性日常生活，开展传播实践

一是立足人民群众感性现实，培育传播主体，引导人们自觉参与日常生活主流意识形态感性传播实践。意识形态产生源于具体的生活中的实践，意识形态的传播是"思想观念与生存实践相互作用、互相统一的过程"②。随着互联网技术的发展，新媒体时代的到来，社交媒体的应用普及，人们可以通过手机轻易地在微博、抖音、微信等平台上参与甚至发起信息传播活动，实现传播客体向传播主体的身份转化。更重要的是，网络虚拟空间也越来越成为承载人类生产生活实践的重要场所，日常生活有了虚拟实践的维度。人们通过大众媒介传播主流意识形态的过程正是意识与实践相互作用的过程，这个过程包含了现实和虚拟两个

---

① 陈第华. 新时代意识形态工作领导权的巩固［J］. 毛泽东邓小平理论研究，2018（2）：56.

② 庞立生. 意识形态建设的实践论视野及其文化自觉［J］. 东北师大学报（哲学社会科学版），2019（2）：40.

维度。因此，主流意识形态的感性传播要不断扩大传播主体，不仅要立足于真实的、活生生的感性现实生活，还要强化对虚拟网络世界的另外一个维度的更为空灵的生活感知。总之，要不断深化对人民群众感性现实和虚拟世界之间关系的认识，引导人们在日常生活中自觉参与到传播实践中来，使他们在参与中激发兴趣，在实践过程中深化对主流意识形态的认知与认同，为人们从事其他实践活动树立起正确的价值指引。

二是从日常生活着手，奠定主流意识形态传播的生活基础。主流意识形态的传播应当关注日常生活实践，特别要注意到新时代日常生活中的视觉消费问题，并应多方协同逐步建立起主流意识形态日常传播实践机制。人民群众的意识活动往往是社会心理层面的活动，与理论化的意识形态之间是存在一定距离的。意识形态就其直接来源而言是对社会心理的加工和提炼，它一经产生就具有整合、重塑社会心理的作用，并且只有当意识形态与普遍的社会心理相适应时，才能真正发挥效应。人们在日常生活世界中朴素的安全感、归属感、公平感等是意识形态最为直接的附着之处。因此，主流意识形态传播要从细微处入手，融入日常生活的细小实践中，立足日常生活世界，创造贴近实际、贴近群众、贴近生活的实践形式，在实践中培育人们对与主流意识形态的认知与认同，为主流意识形态传播日常化机制的建立奠定生活基础。例如，可以考虑将主流意识形态融入传统日常社会习俗中，习俗作为"生活的范式"，有"维护根本"的作用，在人们的日常生活中占据极为重要的地位，比如春节、中秋节、端午节培养了人们对亲情和家庭的重视，建党节、建军节、国庆节培养了人们对于国家和中华民族的情怀。

（三）重视利用媒介仪式

人类意识形态在理论形态上主要是抽象的，但其存在形式却不能脱离现实社会而抽象、孤立的存在，就其形成逻辑与传播途径而言，任何意识形态的产生与发展都根植于现实社会，依赖于一定的媒介载体，并以其为途径借助视觉呈现，完成具象表达，融入、扎根于人类现实生活的各个层面。仪式作为人类社会实践的普遍形式之一，通常被视为"一系列正式的、具有可重复模式、表达共同价值、意义和信念的活动"①，是视觉展演人类情感价值、传播社会主流意识形态、凝聚社会成员思想认同的重要媒介形式。随着现代信息技术的不断发展与更新迭代，原来独属于现实社会场域的人类仪式开始转向虚拟网络空间，大众媒介与仪式活动逐渐融合，延伸出"媒介仪式"这一新的传播形式，逐步打破时空界限渗透到所有社会领域，成为人们实现社会交往与思想交流的重要途径。因此，应重视媒介仪式对于促进主流意识形态感性传播的重要作用，借助仪式符号描绘受众的感性记性形态，开展仪式活动凝聚受众的主观情感认同。

1. 擅借媒介仪式，唤醒感性记忆

仪式是具有象征性的符号体系。人类社会传承至今，每个国家都拥有属于自己民族特色的仪式符号，这些仪式符号经过历史的积淀，表征着丰富的民族精神理念和思想意识形态，承载着仪式活动组织者为加深民族记忆而输出的文化信息。因此，仪式存在的价值就在于借助某种可视的、感性的符号，在仪式构建的信息场域内，将所需传播的社会主流意识形态镶嵌于群体内部的思想层面，构筑和强化仪式参与者对于国家和民族的认同。在现代媒介社会，话语、图像和影像是三种典型的可视化仪式符号，也是仪式组织者对仪式参与者进行思想"同化"和记忆"塑形"的主要工具。在此环境下，要想实现主流意识形态的感性传播，就需借助以上三种媒介仪式符号，于仪式活动中唤醒感性记忆，潜

---

① EDGAR A, SEDGWICK P. *Cultural Theory*：*The Key Concepts*［M］. London：Routledge，1999：340.

移默化地加深仪式受众的主流意识形态记忆。

一是做好媒介仪式话语转化①，让意识形态通俗感性，增强其亲和力与感染力。仪式的进行具有天然的严肃性与权威性，赋予了作为其组成部分的仪式话语以固有的哲理性和神圣性。意识形态作为一套由高度概括性、凝练性的道德观念、法律政治、哲学思想等构成的理论体系，其话语表述也同样具有深奥的学术性和专业性。在二者的加持影响下，对于普通民众而言，他们日常话语的通俗性与仪式活动中主流意识形态话语的理论性之间的鸿沟日益扩大，无法切身理解主流意识形态的深层内涵。因此，在书写和讲述仪式话语时，应在坚持根本理念和核心价值的基础之上，化宏观叙事为微观表达、化理论阐述为事例论证。例如，在每年的春节晚会的仪式话语中，就可以加入一些通俗易懂的谚语、词句等，以尽可能地将其隐含的晦涩难懂的思想文化和人生哲理以合乎大众认知水平的通俗话语传播出去。

二是化抽象表征为具体呈现，提升图像符号的直观性和具象性。图像是人们认识和感知世界的基本方式，也是将社会主流意识形态融汇于仪式意义之中的重要载体。纵观现今所有已存在的媒介仪式活动，其内所绘制的图像符号，皆表征着符合该民族特色与文化精神的主流思想。但随着视觉技术与样式的多变发展，许多仪式图像愈加抽象化和神秘化，在无专业人士的解析下，普通民众难以读懂图像意义。因此，在绘制和选取仪式图像时，面对越是抽象难懂的意识形态，就越要以具体形象的图像符号来进行直观诠释，层层递进，打破文字系统所固有的信息

---

① 需要在此特别说明的是，尽管前一节"2. 注重话语转化，符合人民群众日常生活认知图式"也谈到了日常生活话语转化的问题，这一节为什么又出现话语转化？著者是这样考虑的：媒介仪式作为视觉文化视域下主流意识形态感性传播的理论扩容，立论点主要考虑的是媒介仪式话语转化具有特殊与独立之处的，不能笼统而言，所以特别提取出来单列，为凸显媒介仪式之于主流意识形态感性传播的特别之处。

隔离，"把抽象的思想变为感性的材料，使概念动人心弦，令原则生机勃勃"①，以不断扩大主流意识形态的影响受众，使其得到更大范围的时空传播和更深程度的理解认同。例如，各地在举行纪念建党百年仪式时，就可借助具体的历史照片、插画等图像符号，向观众直接阐释我党在革命、建设与改革中的牺牲精神和顽强斗志，以助推革命精神与爱国主义精神入脑入心，锻造民族意志。

三是化静态表达为动态展演，挖掘媒介仪式影像符号的情境性和沉浸性。移动终端的全民普及和流媒体的持续发展，使得短视频逐渐代替图文成为视觉文化时代的中心符号，搭建了社会意识形态感性传播的主流场域。相对于单一的话语表述和静止的图像表征，受众更偏向于集生动性与情境性为一体的影像符号。一方面，影像符号内涵话语符号和图像符号，是二者的融合创新，更符合受众的视觉感知需求，可发挥出大于二者合力的传播效力；另一方面，影像符号还可深入观众的日常生活，及时、在场的演示主流意识形态的理论内涵，具有更强的情境展演性和沉浸传播性。因此，在制作和剪辑仪式影像时，应在注重核心价值观传递的基础上，把静态的理论内容转化为生动的可视化影像，以便于大众更好地理解和吸收其所表述的思想内涵。例如，在春节联欢晚会和中秋晚会等节日仪式活动中，就可通过制作相关的动漫视频、公益短片等影像去切实描绘受众人生路上的温馨回忆，传递真、善、美、爱家、孝顺等传统文化精神，以此加深群众的血脉记忆，助推主流意识形态落地生根。

2. 开展媒介仪式活动，凝聚情感认同

作为一种古老而普遍的社会文化现象，仪式是人类情感的永恒联

---

① ［法］雷吉斯·德布雷. 图像的生与死：西方观图史［M］. 黄迅余，黄建华，译. 上海：华东师范大学出版社，2015：73.

结，是文化传承和思想交流的依托载体，不仅能够直接表征某种信仰和意义，而且能够促使仪式参与者主观接受其指向的思想和文化，对社会群体具有直接强大的教化作用，奠定了其在社会主流意识形态感性传播中的重要价值。一方面，意识形态为仪式活动"铸魂"，是其内在的价值核心和精神之源；另一方面，仪式活动为意识形态"塑形"，是其外在的媒介载体和传播途径。因此，可寻求媒介仪式情感传播与主流意识形态感性传播的深层统一性，通过建构媒介仪式活动场域、设置媒介仪式活动内容和整合媒介仪式活动体系等途径"刺激参与人的内心情感，来获得群体成员的一致认同"①，以实现社会意识形态价值取向与个体原始情感之间的同频共振，凝聚群体成员的主观情感认同。

一是建构媒介仪式活动场域，强化个体情感体验。在互联网信息时代，媒介仪式集人际传播、群体传播和组织传播于一体的特性构筑了一个庞大的综合传播场域，使受众可突破时空限制，摆脱在场桎梏，在网络虚拟空间内借助镜像复制"参与"仪式过程，"身临其境"地从视觉与听觉的双向层面直观感受仪式氛围，获得真实情感体验，潜移默化地接受仪式意义的洗礼和熏陶。因此，在开展媒介仪式活动时，应通过一定的空间布景，建构出适宜的仪式传播场域，以激发受众的情感体验，使其跟随仪式情境的延续性，循环强化仪式内隐意识形态在群体之中的交互渗透和感性传播。例如，国庆阅兵仪式便在央视直播与重播的过程中，通过一系列的节目庆演、主持解说和背景音乐等场景元素为观众搭建了一个情感共享和意义共通的文化传播空间，使其得以切身参与仪式活动，深入了解仪式文化，强化"家国一体"的归属感和认同感。

二是设置媒介仪式活动内容，坚持正确政治立场。仪式传播是一种以人为中心的传播形式，具有极强的主观能动性，赋予了传播者和接受

---

① 刘骄阳. 后现代社会的政治仪式何以可能［J］. 探索与争鸣，2018（2）：51.

者在仪式过程中自由参与、平等交流和共同体验的主体权力，彰显了仪式受众不受规制、随意出入的特殊性质。在此形式下，仪式内容设置的正确性尤其重要，这是确保仪式活动传播社会主流意识形态的基础所在。因此，在开展媒介仪式活动时，应充分贯彻党的路线、方针和政策，立足人民立场，坚持正确政治导向，将社会主流意识形态所蕴含的多层理论体系嵌入仪式活动内容之中，以摆脱市场经济的资本控制，剔除过度庸俗化、娱乐化的仪式内容，传播正确价值观念，凝聚受众积极正向的情感认同。例如，在开展《我和我的祖国》全国快闪仪式活动的过程中，这首歌曲的歌词和旋律就彰显出了对祖国"富强、民主、文明、和谐"的价值追求和情感表达，并以组合社会不同群体进行演唱的形式使其深入人心，更好地发挥出了其塑造人心、凝聚情感的爱国主义教育作用。

三是整合媒介仪式活动体系，发挥仪式教育合力。在以图文和影像为主要呈现方式的感性传播模式下，主流意识形态的仪式传播通常不是系统化的整体论述，而是碎片化的散漫阐释。从仪式主题内容来看，可涵盖节日庆典仪式、重大历史事件纪念仪式等各个方面；从仪式传播范围来看，可涉及世界、国家、组织和个人等不同层次……归功于虚拟网络的超时空传播特性，所有的仪式活动都可通过不同的网络媒介进行延时重播和多元传播，不同的仪式教育之间出现一定程度的断层和重合，难以发挥仪式教育体系的合力作用，出现仪式资源浪费或空置。因此，在开展仪式活动时，应分主体、分场域、分类别的将传播同一意识形态内容的仪式活动进行规整，既要推动传统的仪式活动建章立制——规范化和常态化，同时结合时代发展与时俱进开设新的仪式活动，以弥补前者教育内容的空缺和漏洞，整合出仪式教育的合力。例如，可借助抗战遗址、烈日陵园、伟人故居、红色博物馆等固定场所，开设一系列具有教育延续性的仪式活动，并借助网络媒介对其进行直播和重播，将处于不同现实时空的个体"链接"到同一仪式现场，立体化、全方位地展现该系列仪式活动的教育内容，助推其隐含的主流意识形态内化于心指引社会实践，外化于行强化情感认同。

### （四）拓展情感化体验新形式

一是强调人际传播，发挥传播共情力。人际传播是传播者与受众在自愿合意、情感相通的基础上使用言语和非言语进行信息交流与共享，进而达成价值共识的精神交往活动。正如著名学者薛可、余明阳所指："人际传播从广义上来讲，是个体与个体、个体与群体、群体与群体之间通过个人性媒介（面对面传播时所使用的自身感知器官与非面对面时使用的个人性通信媒介）进行的信息交流"①，具有明显的互动性和情境性，且情感表露的痕迹凸显。之所以在建构本土化的主流意识形态视觉化感性传播模式时强调人际传播的功用实施，主要在于人际传播在绝大多数时候也是所见所感影响到"观看"者，其能为主流意识形态认同开辟出新的说服路径，使官方形态的政治主题有效转化成民间形态的生活话题，进而可以实现主流意识形态的社会建构。

人际传播为感性互通创设了独有的社会语境，也为主流意识形态认同拓展出更宽广的社会空间。首先，营造良好的人际传播环境。不仅要确保人际传播的社会大环境保持正确的政治方向，更要付诸实际行动创设拥有共通意义的理想的人际传播小环境，利用好演讲辩论、人物访谈、社会参观等各式各样的场合，抓住传播者与受众同处一个场域的各种机会，实现主流意识形态的情感互动，切实发挥主流意识形态塑造民众美好生活意识的作用。其次，抓住意见领袖。通俗地来说，信息观念的受众传播需要借助"意见领袖"发挥头雁效应。所谓意见领袖，即

---

① 薛可，余明阳．人际传播学［M］．上海：上海人民出版社，2012：11．

那些"活跃在人际网络中，经常为他人提供信息、观点或意见并对他人施加个人影响的人物"①，利用他们感染能力或辨识能力过人的独特优势，在提高信息传达丰富度和具象化的同时改善主流意识形态传播接地气、情感化的实际问题，有效防止主流意识形态传播主体与受众之间产生裂痕。最后，加强网络空间的人际传播。由于互联网技术的演化升级，微信、微博、抖音等应用程序不断冲破点对点式的旧有传播格局，开创出人际交往互联共享的新模式。要顺势而为，监管好主流意识形态内容的网络化生产，处理好与主流意识形态相关的网络舆情，把握好主流媒体与个人网络账号之间的互动关系，以增强群众在网络空间的自我呈现以及人际传播的共情效应，进而为再塑社会意识提供机会。

二是发挥榜样示范，增进感性传播鼓动力。榜样是现实生活中身正行高的典范，是优秀文化、精神涵养和人民意愿的象征，承载着更加具体化、形象化的主流价值观，能够让老百姓直观看到并信服，其行为能够强烈激发大众情感共鸣、思想共振。因此，积极发挥榜样的濡化作用，以榜样的示范效应唤醒民众，可以鲜活主流意识形态的先进性教育，对抗社会不良价值观念。

以榜样的力量锻造主流意识形态凝心聚力、铸魂振风的实践力量，使大众主动靠近榜样、学习榜样、跟随榜样。首先，注重情感化。从人最本质的感情入手，真情生动地塑造榜样的精神形象，深入挖掘榜样内在的光辉魅力，使情感要素渗透在榜样宣传过程的始终，加深情感互动，引发心灵共鸣，提升宣传的感性力量，进而促进教育主体与教育客体之间良好的感情沟通，最终实现大众的理性深化、知行转化。其次，强调生活化。所树立、推崇的榜样行为或精神必须确保其可信、可见、可感，切莫虚无缥缈、神圣化。只有看得见、摸得着，与人民生活联系

---

① 郭庆光. 传播学教程 [M]. 北京：中国人民大学出版社，2011：209.

紧密，才能实现由此及彼的示范效应，才能使教育客体的自身追求与榜样典型之间产生情感共鸣，才能推动每一位社会民众接力榜样的精神力量。最后，注重先进性。榜样模范要继续带好头、起好步，主动践行主流价值观，心不贪、脚不懒，及时调整示范质量与作用，以保证榜样群体的始终先进。同时，党员干部作为主流意识形态传播的责任主体，更应该时刻对照自身的言行举止，处处彰显为人民服务的决心、处处展现担当表率的作为，与榜样人物共同走在价值引领的前列。多措并举，让榜样的精神力量充分灌溉在大众的心灵土壤上，以收获更明显、更健康的社会效应。

三是红色文化展馆视觉技术化，增强感性传播询唤力。开设红色文化展馆是提升主流意识形态传播吸引力和影响力的重要一环。红色文化展馆将有形载体和无形载体相结合，通过文化再现的方式完成对中华民族文化精髓的重新塑造、中华民族艰难崛起的生动展现，使红色基因有魂有魄、有声有色地融入展馆展览中。红色文化展馆凭借自身相对封闭的空间以更为隐蔽的意识形态表达实现其情感询唤功能，使大众对国人身份的归属感不断强化，对饱含主旋律精神的主流意识形态更加认同，在潜意识中对国家和民族的强烈情感与展馆中所营造的爱国主义氛围产生高度共鸣，从而实现主流意识与大众意识的有效弥合。

为了使红色展馆展览的意识形态性与个体本我的欲望满足之间形成合理观照，使大众在潜移默化中接受国家意志的引领与号召，达到意识形态感性传播的目的，首先，确保红色文化呈现内容的真实性。注意空间展示现代化、艺术性的同时着重强调对历史原貌的还原，主动从模板化、模式性的建设中跳脱出来，用心布置展馆场景，用力提升红色底蕴，用情营造红色氛围，使红色文化的精神实质以更加隐蔽却深入人心的方式潜入大众的认知框架中，从而实现个人对具象物质文化到抽象精神文化的跨层级感悟，收获归属感、安全感和荣誉感。其次，加强红色文化呈现形式的创新性。展览物陈列形式的创新程度与群众的心理认同感和主动参与感呈正相关，要巧妙利用数字媒体艺术与 VR 虚拟现实交互技术充分凸显红色文化中的细节和亮点，既满足大众获取视觉快感的本能愿望，也使意识形态得到更隐秘的包装升级，增加第一体验感的同时增强红色文化展示的感染力和震撼力，进而使抽象的精神理念变得有血有肉、可触可感。最后，强调红色展馆展览的叙事性。展馆展览不仅要有厚度，更要有温度、态度。在展馆空间中进行红色文化叙事时，要注意把红色历史中所含的隐形情感表达与室内的空间形态交汇融合，巧妙布局展馆空间，以其空间布置的差异性触发大众对红色精神的共鸣、对中国共产党执政的认同。与此同时，借助空间营造情感氛围的微妙变化实现红色文化与大众的跨时空对话，使红色陈列物既有崇高感也有烟火气，从而呼唤人民酝酿于心的英雄情结与时代使命。

（五）提升大众视觉素养

随着视觉文化的兴起，人类社会步入了一个史无前例的大众视觉文化时代，媒介技术极大地创新了"图像"的生产手段、表现方式、分享模式和消费样态，进一步扩充了人们的"视野"。人们在感悟视觉之美的同时，也经常被光怪陆离的视觉图像所迷惑，在经济效应、个人标榜、符号追逐的现代生活中，这种情形并不鲜见。如何在视觉图像的裹挟下不迷失方向，如何能够理解图像乃至"语图互文"等视觉性表达的确切含义，如何具有视觉符号的解码编码能力，并懂得合理运用视觉工具来表达自我观念，阐释社会现象，展开批判……这些都关涉到视觉素养能力。一般认为，视觉素养为"一个人通过看所获得的一系列视觉能力，并同时将看与其他感觉经验相整合。当这些能力得到发展时，它们使有视觉素养的人能区分和解释视觉行动、视觉物体以及自然的或人造的视觉符号。创造性的运用这些能力，他能理解和享受视觉交流的杰作"①。总之，视觉素养是一种学会如何处理视觉信息的能力，它不仅包括对视觉信息的准确理解，还包括对视觉图像的准确创作和运用。在现实生活中，整个世界被图像所把握的情况，我们所观所看都逃离不了图像的堆砌，具备不同视觉素养的人对同一"图像"有不同的理解，有的是源于"对抗式"解码，有的是源于"协商式"解码，有的是源于"主导式"解码。因此，必须提升人民群众的视觉素养教育，让人们"知道怎么去看""知道要看什么""知道什么才是好看"，其最终目的是培养和提高人民群众视觉文本的展现、表达和识别能力，它和我们的日常生活、工作环境息息相关。如此，才能使视觉文本所蕴含的价值观念、理性信念等主流意识形态内容不被歪曲、不被误解。

一是深入开展视觉文化理论研究。理论指导实践，正确的思想认识是指导行动的前提条件，通过对视觉文化理论方面的深入研究，可以推进主流意识形态感性传播的视觉实践。视觉文化是一门新兴的交叉学科，它涉及视觉认识论的哲学探索，图像和视觉符号的符号学研究，视觉驱动的精神分析研究，视觉过程的现象学、生理学和认知研究，观看和展示的社会学研究，视觉人类学，物理光学和动物视觉研究，等等，跨越了文化研究、媒体研究、修辞与传播、艺术史、美学、伦理学、政治学等领域。视觉文化从感官机制到电影、电视和数字媒体等技术成像的感性触发机制，探索了视觉作为一种文化活动的复杂概念，指出以视觉为主的时代，现代性意味着视觉和视觉媒体的霸权，明确了视觉和视觉图像是权力关系的表达。因此，提升大众视觉素养是个综合性和系统性的工作，需要研究人员从多个领域、多个角度加以考察、深化视觉文化的研究，从理论上深刻把握视觉文化的发展变迁和理论走向，特别是

① 周宪. 崎岖的思路：文化批判论集［M］. 武汉：湖北教育出版社，2000：130.

弄懂弄透中国本土的视觉文化与意识形态生产之间的关系，以此为基础才能更有针对性地指导开展提升大众视觉素养工程。

二是要加强视觉素养提升教育。具体而言，首先，要从政策方面给予引导和支持，完善视觉素养教育范畴，明晰视觉素养教学原则，建立一套切实可行的视觉素养评估准则，提出适合我国国情的视觉素养教育政策，早日建立国家教育标准，制定出有利于视觉素养教育开展的相应措施。其次，要发挥学校教育的基础性作用，鼓励学校视觉素养教育要和具体的教学相结合。在我国高校的课堂教学中，虚拟现实、投影、多媒体等各种视觉技术的广泛应用，正呈现了读图时代的教育特点，这给视觉素养教育提供了良好的发展契机，为视觉素养培养渗透到各门课程的教学中奠定了良好的基础。再次，要把教师的视觉素养当作重点工程来抓，只有师资视觉素养能力得以整体性提升，学校的视觉素养教育才有基础性保障。目前我国的视觉素养教育还处于刚刚起步阶段。在中小学的课程中，视觉素养教育几乎是缺席的，学生对于这方面的认识不系统、不完备。视觉素养教育课程是一个多学科交叉渗透的综合性的课程，如果没有经过系统的学习和长期知识的积累，很难完成。因此，要重视开设视觉素养教育课程，教育管理部门要有计划地培训教师，以引导和推动视觉素养教育的发展。最后，要紧跟社会发展趋势和国际上视觉素养教育发展的步伐，让教育工作者从观念上意识到视觉文化时代的来临，意识到新的时代对学生基本素质的特殊要求，正确地开展视觉素养教育，帮助学生增强对视觉信息的辨别能力。

三是夯实个体正向的图像解码能力。一个人的思维能力、文化素质、艺术修养越高，他的视觉文化素养能力也就越高，也就越能发挥主观能动性，对视觉图像做出恰当的解码。首先，加强传播主体的美学修养。坚持马克思主义的立场、观点、方法，积极吸收其他先进文化成果，以我为主、为我所用，承担起弘扬中华优秀传统文化的重任，自觉抵制低劣、腐朽的视觉内容。其次，培养批判性思维。视觉素养能力直接关系到批判性思维能力和问题解决能力，这与我们平时接触到的视觉信息的复杂性有着重要联系。在后真相时代，所见不一定真实，对于不同视觉信息，哪个才是真实事物的客观反映，事件背后的真正原因又是什么？必须时刻保持清醒的头脑，以批判性的思维，辩证地去审视这些视觉表达，理解和把握视觉符号下隐秘的意识形态，良好的视觉素养才能更好推动主流意识形态感性传播诉诸以情但又不失于理。

四是重视视觉伦理教育。伴随媒介多元化形态的出现，特别是视觉媒体的繁荣发展，媒介逐渐成为社会化治理和运行的工具，媒介模仿成为基本的社会文化范式，媒介消费成为基本的社会交往方式。① 视觉媒介在不断改变社会公众的思考和交往方式的同时，也存在着社会伦理风险。无论是视觉媒介宣扬的金钱至上，又或者是不雅图片、低俗视频、隐私泄漏以及网络暴力等都在冲击着社会公众的认知，影响整个社会风气、价值取向。用好视觉媒介，真正认识视觉媒介的价值，搭建社会公众与媒介的桥梁，需要重视个体的视觉伦理教育，树立正确的视觉伦理，构建良性的视觉媒介信息采集、加工、处理以及发布的运营模式，特别是商业性视觉类综合型网络平台要树立责任意识和担当意识，知分寸有责任，推动视觉媒介传播的良性发展，警醒"泛娱乐化"造成的社会伦理失衡。

---

① 刘明洋，吕晓峰. 媒介化社会视角下的新媒介伦理建构 [J]. 山东社会科学，2017 (8)：113—118.

### （六）强化对视觉信息的监管

#### 1. 完善相关法律规范，加强视觉媒体监管

视觉文化一方面给我国主流意识形态传播提供了新的契机；另一方面，有些不良社会思潮借助视觉文化也在暗流涌动，给我国视觉媒体监管提出了严峻的挑战。比如，人工智能和图像合成技术正在挑战"眼见为实"的传统论断，视觉图像带来的安全隐患与日俱增，挑战着主流价值的权威。我国的法律法规要顺应媒介变革潮流和传播规则，针对视觉媒体出现的新形势，要求我国政府及相关机构进一步完善相关立法，不断加强对视觉媒体的引导和控制，从源头上让我国的视觉媒体监管做到有法可依、有法可循、有法可罚。

一是要提高相关视觉媒体的法律法规位阶。目前我国涉及视觉媒体的相关立法主要侧重在信息之上，偏重于网络管理和网络信息安全，只零星地见诸网络监管的行业性法规之中①，且多以"条例""规定""办法"为主，大多停留在行政法规和部门规章的层面，对视觉媒介传播的法律要求较为宽松。因此我国需要通过修订完善现有的法律法规来提高视觉媒介监管的法律法规位阶，遏制视觉信息伪造，规范视觉信息传播秩序。

二是要完善各项法律之间的完整性和体系性，建立网络综合监管体系。虽然我国出台了多项法律及相关政策规定，但各项法律有各自专注范围，且规定过于笼统，容易造成视觉媒介调整对象和范围的冲突。因此相关部门需要通过设立长期的完善的视觉媒介法律监管体系，利用自身资源优势，建立健全信息共享、联合执法、信息公开等工作机制，协同开展网络视觉媒介生态治理工作，对视觉媒介信息传播内容进行更加

---

① 陈纯柱，韩兵. 我国网络言论自由的规制研究［J］. 山东社会科学，2013（5）：83—91.

细致、精确地监管和长期有效管理。

三是要出台行业自律规范，加强行业自我监管。行业自律是视觉媒介监管的重要组成部分，也是对国家法律监管的有效补充，视觉媒体必须提高社会责任感和把关意识，认真遵守相关法律法规，严守职业道德，成立视觉信息滥用专区的信息查证系统，对伪造视觉图像、视觉符号乱用以及恶意引导的视觉信息及时查证，加强危害社会的有害视觉信息的管理；建立主体访问备案机制，视觉媒体、移动互联网以及公安部门要群防群控，实现传播者的信息备案，增强视觉信息传播者传播权力的审核，减少"游客式"发帖。

四是未来国家还需要通过构建数字内容可信体系，规范人机视觉技术的滥用。一方面要继续推动视觉媒介技术的发展，打造更加稳定的视觉媒介系统；另一方面，要着手立法规范、约束技术滥用。

2. 重视信息技术赋能，加强视觉符号监管

随着视觉媒介技术不断发展，日常生活中的视觉符号生产和消费已经成为常态，在希望被关注、渴望被认可的视觉符号表达中，符号滥用、意义扭曲的事件时而发生，甚至有些民众将视觉符号当作"武器"表达自己的负面情绪和立场，使视觉符号失去了原有的情感色彩。针对视觉符号乱转化造成的视觉后果问题，我们需要从信息技术上加强对视觉符号的监管，过滤掉不符合主流意识形态的视觉信息，拒绝视觉符号的乱用和传播。

一是构建多模态信息融合的视觉信息检测模型。目前大多数社交媒体数据以帖子的形式进行展示和传播，包括图像、视频、表情包等多种视觉符号，单一模态文本或者图像的内容识别无法全面地提取和表示事件的信息，因此需要构建多层编码空间以探索和捕捉其多层次语义信息，引入半监督学习机制和随机网络，强化多模态下负面视觉信息的过

滤能力，优化视觉信息过滤软件，为拒绝不良视觉信息进入网络世界提供坚强的技术后盾。

二是优化视觉信息推荐机制，加强版面页面生态管理。网络信息内容服务平台要坚持主流价值导向，打击制作、复制和发布含有违法信息的视觉符号，建立健全人工干预和用户自主选择机制，以算法推荐模型+人工干预+用户自主选择三者有机结合的方式，实现对互联网重要新闻信息内容页面、精选热搜、热门推荐、热搜图、音视频服务首页首屏、榜单类等重点环节的监管。

三是搭建风控智能平台，健全视觉信息审核机制。目前网络视觉信息泛滥，传统式的网络舆情监控模式已经不能应对视觉文化时代巨量的视觉信息的监管，而将视觉信息审核外包给意识形态观念淡薄的商业性第三方，这更是增加了非主流意识形态传播的风险，使得许多与社会主义核心价值观相违背的错误思潮进入公众视野，破坏网络生态环境。因此主流媒体要快速搭建基于"智能+人工+制度"的风控智能平台，通过图音视频审核和衍生能力的建设与整合，发挥大数据的视觉风险提醒、追踪、预测功能，自动把风险任务进行智能分析，紧急、重要任务反馈分发给专业化的线下人工检测、集中研判，提高整个风控平台的监管能力，并在该基础上，扩充自动检测视觉符号样本库，通过视觉模拟进行智能校对，增强视觉样本的即时性检测能力。此外，还要加强 AI 对敏感视觉符号内容的实时审核和人工审核团队的建设与政治素养培育，健全视觉信息审核机制。

3. 构建政府监测机制，加强视觉信息监管

从心理学上来讲，视觉信息的传递主要依靠的是知觉的理解，所以一些吸引眼球的"标题党"、危言耸听的视觉信息很容易得到大范围传播，特别在具有一定私域性质的朋友圈之内病毒式扩散，给我国意识形

态安全带来很大危害。大众作为"图像"的编码者和发布者，对社会现象的认知和解读影响主流意识形态传播的效果。面对视觉信息传播中恶意引导的现象，我们需要坚持主流意识形态导向，构建完善的政府检测体系，坚决打击虚假、淫秽、歪曲、诽谤等违法的视觉信息。

一是要完善视觉信息事前审查制度，严查视觉信息传播的"准入资格"，特别是要禁止一些鼓吹不良社会导向的视觉广告的投放，从信息源上切断其传播的可能性。目前很多恶意引导的视觉信息是在形成一定影响后才被举报和处罚，但取得的效果微乎其微，浪费了许多的公共资源，因此政府需要加大对视觉信息发布的审查力度，扩大视觉信息事前审查范围，采用"双随机、一公开"的监管方式，在日常监管中随机抽取对象进行检查，严格把控视觉信息的投放。

二是构建申诉举报机制，加强社会监督。随着传统媒体的数字化转型，政府和组织机构再难以完全充当视觉信息传播的"把关人"，因而政府需要不断提高网民的社会责任意识、法制意识和道德意识，发动群众共同监管网络环境，延伸政府的治理范围。设立"全国互联网不良信息举报中心"网站及 App，对于出现的不良视觉信息，鼓励用户在手机 App 上一键举报，一经查明事实，依据情节轻重，及时对举报信息进行处理，并对举报者给予相应奖励；建立网络信息内容服务平台违法违规行为台账管理制度，凡是违法违规的网站和媒体，依法依规进行相应处理，并实现多部门数据互联、互通、互享、互用；建立政府主导的多主体监督评价机制，加强对网络平台视觉信息的评估和监管。

三是强化专业监管人员的配置，提升视觉信息监管技术水平。政府要加强对主流意识形态视觉信息专门类监管人员的主流价值教育，提高他们的政治觉悟、道德修养和理论水平，加强他们对误导性视觉信息的敏感度；政府还需要配备与业务规模相适应的从业人员，加大视觉信息内容审核人员数量和比例，不断优化结构，定期对监管人员进行职业技能水平测试，持续提升从业人员能力素质；加强视觉信息监测人员诚信体系建设，健全信用管理机制，加大违法违规处罚力度，切实保障视觉信息监管质量。

# 第六章　理论扩容：媒介仪式与我国主流意识形态感性传播

在前面视觉文化视域下我国主流意识形态感性传播研究的章节中，已经从理论、应用等方面涉及了"媒介仪式"，特别是在第四章"主流意识形态传播的媒介仪式呈现"一节、第五章"重视利用媒介仪式"一节上有较为详细的论述。为什么要专辟一章进行理论扩容，在现有视觉文化体系下又扩展到"媒介仪式"上对我国主流意识形态感性传播进行研讨？这是研究上自然而然的一种深化。我们知道，视觉正在日益成为我们了解当代世界的主要方式，视觉文化是一种以形象，特别是影像为中心的感性主义文化形态，它以视觉符号为构成元素、以视觉感知的样式为外在表现形态。视觉文化强调了"看"的意识形态性，通过感性的"看"达成了意识形态的视觉构建，感性形象、视觉符号营造了这种意义空间，当然这又是以视觉媒介为桥梁，媒介技术为支撑而完成的。而"媒介仪式即那些经由大众传播媒介记录并传达着的仪式以及那些经由大众传媒'包装'之后具有仪式意味的'新闻事件'。"① 随着电视直播的普及和移动视频直播的兴起，镜像复制、意识形态质询

---

① 郭建斌. 如何理解"媒介事件"和"传播仪式观"：兼评《媒介事件》和《作为文化的传播》[J]. 国际新闻界，2014，36（4）：8.

与主体的询唤，具有对社会成员关于自我、群体、社会的认知与感受的强大塑造力，能够深化社会成员情感上与价值观上的重要认知与感受，凝聚共识，达成自我价值与社会共同价值观念上的统一。

媒介仪式强调的是视觉媒介、媒介技术和仪式的融合，与视觉文化视域下主流意识形态感性传播一样，同样诉诸视觉符号表达和象征，可以这么说，没有视觉表达就不可能有媒介仪式的呈现，也就谈不上"观看"，更无所谓有媒介仪式下的意义共享。例如，党的十九大刚刚闭幕一周，习近平总书记就带领新一届中央政治局常委到上海中共一大会址重温入党誓词，到浙江嘉兴南湖瞻仰红船，回顾建党历史，这一行动充满了仪式感；2017年12月13日，中共中央、全国人大常委会、国务院、全国政协、中央军委在南京隆重举行南京大屠杀死难者国家公祭仪式……全国人民正是通过媒介仪式见证了上述历史性时刻，在媒介仪式中，人们达成了"空间的认同感"，唤醒了共同的记忆，也唤醒了"生动的体验及团结之情"。可见，媒介仪式是抽象的主流意识形态鲜活展演、感性实践的绝佳场域，人们在"集体观看"仪式活动（媒介事件）中产生感性体验，在视觉的情境化下实现主流意识形态感性传播。从而，严格地来讲，媒介仪式是视觉文化的一种派生，人们通过集体观看仪式展演，激发情感，唤醒认同，但更进一步的是"媒介仪式"具有特殊的意义共享的特点，于是就有了视觉文化视域下主流意识形态感性传播的理论扩容——从视觉文化到媒介仪式，这也是对项目主题研究的思考和"接纳"。实际上，近些年来在视觉文化的背景下，移动视频直播等新媒体不断兴起，主流意识形态传播的基础性条件已经发生重大转变，通过媒介仪式来达成我国主流意识形态的社会认同已经越来越常态化了，上述理论及实践都是我们在新时代探究如何更好地凝聚社会共识，引领社会思潮，形成强大的国家和民族凝聚力所值得深入关注和研讨的。

## 一、传播的仪式观

20世纪中叶，在注重传播效果和控制目的为价值取向的传播传递观的主导下，美国传播学研究开始陷入瓶颈状态，传播实践活动面临着一定的现实困境。在此背景下，詹姆斯·W.凯瑞在吸收和借鉴前人研究成果的基础上，提出了"传播的仪式观"，将"仪式"做为"传播"的隐喻，用以区分在传统传播学研究中占主导地位的"传播的传递观"（指的是传播仅仅是信息的传递），认为传播是"以团体或共同身份把人们吸引到一起的神圣典礼"①，目的是为了"建构并维系一个有秩序、有意义、能够用来支配和容纳人类行为的文化世界"②，明确传播的价值不在于空间意义上对于信息的广泛传播，而在于时间意义上对于整个人类社会的持久维系。受此传播仪式思想的启发，埃里克·罗森布勒（Eric W·Rothenbuhler）于1998年提出"仪式传播"概念，内涵为"作为传播现象的仪式"和"作为仪式现象的传播"两种意义，前者强调仪式活动所具有的传播属性，后者指出传播过程所体现的仪式形式，进一步递增仪式与传播的内在耦合性，彰显出"仪式传播"对于文化传播的强大功能。

在"传播仪式观"视域下，仪式不再是生硬的信息传递工具，而是承载意义的文化产物，其功能在于共享和交流。作为意识形态的具体表征形式和媒介传播载体，仪式的举行既可对网络或者现实的"在场者"具有积极的正向引导功能，又能以自身为媒介途径将一定的思想

---

① ［美］詹姆斯·W.凯瑞. 作为文化的传播 "媒介与社会" 论文集［M］. 丁未，译. 北京：华夏出版社，2005：28.

② ［美］詹姆斯·W.凯瑞. 作为文化的传播 "媒介与社会" 论文集［M］. 丁未，译. 北京：华夏出版社，2005：7.

和价值观念进行广泛传播，并可在二者的基础之上维持整个社会、民族或国家共同体的稳定存在与持续运行。

在该视角下，仪式就是一个与社会文化形态和交流传播勾连在一起的主要由视觉性"象征符号"组建的一个庞大文化符号系统，是一个促进传播的意义空间。人们在这个意义空间内可借助不同的"视觉象征物"塑造视觉意象，联结群体内部的共同情感，并向共同体外部成员传达本群体内的各种思想文化与价值观念，通过仪式的视觉传播完成信息传输和意义共享。视觉传播的关键在于象征符号，"象征符号是仪式中保留着仪式行为属性的最小单元，也是仪式语境中的独特结构的基本单位"①，而象征符号主要由视觉符号构成，是仪式象征意义的具象载体。因此，可以说视觉象征符号为仪式功能的有效发挥提供了基本前提。仪式的存在正是从受众的认知领域出发，"对症下药"地使受众在参与仪式的过程中全面、深入地了解到其内在的文化意义与价值指向，从而自觉地接受意义传播。

在互联网信息时代，新媒体集人际传播、群体传播和组织传播于一体的特性构筑了一个庞大的综合传播场域，仪式在这一场域内得以突破时空限制，摆脱在场桎梏，融合电子视觉媒介，使受众可在网络虚拟空间内借助镜像复制"参与"仪式过程，从而获得更为直观感性的文化认知。与此同时，在某些特定的仪式之中，还可通过仪式组织者的引导向受众直接传输主流意识形态。例如，春节联欢晚会在央视直播与重播的过程中，为受众营造了一个超越时空界限的共同"剧场"，使所有收看春晚的群体都得以置身于这一文化"场域"之中，切身感受中华文化的巨大魅力，深入了解中华文化的内在价值，接受和传播其中的文化

---

① 王霄冰. 仪式与信仰：当代文化人类学新视野［M］. 北京：民族出版社，2008：176.

信息，唤醒受众对于"家国一体"的认同感与归属感。

（一）媒介仪式的出场

2003 年，尼克·库尔德里（Nick Couldry）在总结凯瑞"传播仪式观"、卡茨（Elihu Katz）"媒介事件"理论等研究成果的基础上，首次于《媒介仪式：一种批判的视角》一文中提出了"媒介仪式"概念，意在以媒介仪式彰显媒介传播对于社会的建构作用和凝聚功能，引起了国内外学术界关于"媒介仪式"的研究热潮。发展至今，虽已具有许多研究成果，但关于媒介仪式这一概念仍未具有统一定义，不同学者立足于不同视角对其进行了不同的理解和阐释，在此著者梳理了几种具有代表性和权威性的概念定义。

尼克·库尔德里在重新审视了仪式与社会整合的关系后，最初认为"媒介仪式是指任何围绕重要的、与媒介相关的类别和边界所组织起来的活动"①，后来又在理论上进行了深化，定义"媒介仪式是围绕着重要的与媒介相关的类别和边界组织起来的形式化的活动，其表演架构着一个更宏观的与媒介相关的价值观，或暗示着与其的联系"②。可以看出库尔德里对媒介仪式的阐述从表面的可见的活动走向了更深层次的价值观，揭示了媒介相关的仪式活动与价值观以及权力运转之间存在深刻的关联。在库尔德里看来，日益媒介化的现代社会，媒介系统侵入社会各个层面的肌体，不断走向社会的权力中心，影响日益广远，在这种"第四权力"之下，媒介仪式的形式化活动不断强化媒介作为社会中心的神话，并使之趋于合法化，从而，重复操演的媒介仪式固化了这种价值秩序。在细分上，媒介仪式主要有三种类型，即"媒介所报道的仪

---

① ［英］尼克·库尔德里. 媒介仪式：一种批判的视角［M］. 崔玺，译. 北京：中国人民大学出版社，2016：2.
② ［英］尼克·库尔德里. 媒介仪式：一种批判的视角［M］. 崔玺，译. 北京：中国人民大学出版社，2016：33.

式性内容、媒介报道该内容时的仪式化方式以及媒介本身成为了一种仪式或集体庆典"①。

　　受到库尔德里观点的启示，站在现代社会的媒介环境下，郭建斌在综合分析了媒介仪式与传统仪式在时空结构上所具有的重大差别后，认为"所谓媒介仪式，指的是那些经由大众传播媒介记录并传达着仪式以及那些经由大众传媒'包装'之后具有仪式意味的'新闻事件'。"②可以看出，郭建斌把媒介仪式分为两类：一是被媒介传播的仪式，二是仪式化的传播。本研究主要立论依据的是库尔德里对媒介仪式的划分，通俗地说，就是社会群众通过网络媒介特别是视觉性综合媒介途径，在观看"媒介所报道的仪式性内容、媒介报道该内容时的仪式化方式以及媒介本身成为了一种仪式或集体庆典"时候进行的主流意识形态传播活动，涵盖了仪式的传播和传播的仪式两个层面，在这一框架下，媒介仪式组织者可通过举行媒介仪式向受众传达积极正向的主流意识形态和社会价值观，巩固受众的既有文化认同，凝聚受众对于民族和国家的向心力。同时，受众通过参与媒介仪式，可打破固有的时空局限，借助现代传媒工具获取最新的热点信息，进行社会交往与思想交流。

　　此外，在传播学研究领域，"媒介仪式"与"媒介事件"具有理论意义上的互联性和实践意义上的共通性。从仪式视角来看，仪式是媒介事件框架建构的核心元素，那么媒介事件为"那些宣称具有历史意义的、宣扬和解的、颂扬进取精神的以及以崇敬的态度制作、播出的电视节目"③，通俗地说，就是一种具有仪式感意味的特殊电视事件。因此，媒介事件强大的视觉冲突，突破空间区隔、时间延展的特性能够吸引受

①　COULDRY N. *Media Rituals*：*A Critical Approach*［M］. London：Routledge，2003：57.
②　同前。
③　［英］丹尼尔·戴扬，［美］伊莱休·卡茨. 媒介事件：历史的现场直播［M］. 麻争旗，译. 北京：北京广播学院出版社，2000：14.

众关注、追踪、参与事件发展，产生角色错位，误认为自己就是事件的直接参与者。媒介事件还具有如下特质：一是特殊性与权威性并存。媒介事件作为一种特殊的电视事件，具有不同于一般电视新闻与节目的权威性，往往专指那些受到广泛关注的国家级或世界级的重大仪式性事件。二是规划性与垄断性并存。媒介事件的形成与发生通常都是组织者、媒介与受众三者之间"协商"的结果，必定经过前期的策划与宣传，在整个社会范围内产生一种垄断性的侵袭效果。三是积极性与凝聚性并存。媒介事件与一般新闻事件的不同之处在于，其发生的目的往往倾向于纠正冲突、恢复秩序和凝聚共识。四是跨时空性与虚拟在场性并存。媒介事件通过大众传播途径进行了世界范围内的跨时空现场直播，赋予了人们前所未有的仪式参与权，为所有受众营造出了一个虚拟在场的空间，使其无论身处何地、处于何时皆可"见证""参与"这一重大事件。这就是媒介事件具有意识形态操控力的根源。由此观之，媒介事件的发生与进行，不仅给"观看"者带来超越时空场域的"如临现场"的切身感受，而且还把"观看"者纳入媒介事件系统，使之成为媒介事件传播的一部分——"观看"就是实质性的参与，"观看"者就是参与者。因此，媒介事件的发生、传播与媒介事件的被"观看"可以看成"媒介仪式"进程的一体两面，二者之间有着无法分割的耦合关系。一方面，没有媒介事件的策划，就不可能有仪式性的视觉展演，更无法吸引受众；另一方面，只有观众参与，媒介仪式的"仪式"功能才能发挥，或者更进一步说媒介事件才能真正转换为媒介仪式。可见，从媒介事件到媒介仪式，视觉展演和观众的"观看"是个视觉性的动态过程，正是如此，媒介仪式和视觉文化有了进一步的关联，主流意识形态的媒介仪式感性传播才有了理论基础和可能性。

（二）媒介仪式的功能

电子媒介的普及改变了人类生活的空间维度，依托电视或网络直播等视觉媒介而形成的媒介仪式逐渐取代过去现场举行的群体仪式，成为连接人与人之间、人与社会机构之间的重要通道。在此环境下，媒介仪式的多维重复性、权威秩序性以及时空跨越性使其发展成为一种具有广泛群体参与，并产生巨大社会影响力和号召力的重要权力机制，在受到道德法律、运作规范和特定组织原则的约束和控制的同时，也确立了其构建自身"符号权力"的可能性。在此，所谓的"符号权力"即为"借助象征性内容的生产和传送，干预事件进程、影响他人行为甚至制造事件的能力"①。具体而言，一是指媒介仪式通过制作与传播各种象征符号、文化信息和仪式形象去广泛地宣扬主流价值与意识形态，以达到其强化既有社会规范、整合社会秩序的目的；二是指媒介仪式通过维持其相对稳定的运行模式，在积累大量象征性资源和参与群体的基础之上，以实现其对外权力运作的合法化和制度化，从而增强其本身的公信力和传播力。媒介仪式正是在符号权力的建构和控制下，才能凭借其所拥有的符号资源搭建起"媒介仪式空间"或"阈限"，通过视觉媒介"在场"参与仪式过程，接受仪式信息的共享与情感的共鸣，引导人们在参与仪式的过程中不自觉地投入其中，感同身受其表征的思想观念和价值理念，使社会成员的思想理念与仪式传达的文化意义保持高度一致，实现其凝聚思想共识、稳固社会秩序、加强文化认同等的传播功能，完成其整合社会的强大作用。

一是共享功能为主流意识形态的感性传播创造条件。

如前面章节所述，仪式最初是强调人际互动而形成的，所以仪式对于维持一个群体的延续和发展以及群内人际关系非常重要，具有极高的效用。因此，媒介仪式在天然上也被赋予了"仪式"之维持共同体的团结以及组织内人际互动的功能，人们在媒介仪式的感性氛围中共享无

---

① THOMPSON J B. *The Media and Modernity* [M]. Cambridge：Polity Press，1995：17.

声但又强烈的意义，这种意义具有文化上的共通性，无需特别指明。在媒介仪式中，没有传者与受者的区分，所有个体都是平等参与者，共享媒介仪式中包含的文化信息。媒介仪式的共享功能使人们不再局限于特定的物理时空，呈现出跨越时间与空间的特征。在实践中，5G等移动互联网技术的发展使得网络用户可以在世界上任意一个角落共享媒介内容，共同经历媒介事件和传播仪式。媒介仪式可以运用多种先进技术特别是视觉展示技术，实现仪式场景的虚实结合、仪式空间的历史和现实切换，在时空互动中活化视觉叙事，让历史和现实进行连接。这种在时间和空间上进行创造性转换的方式创设了虚拟在场的交流互动，唤醒了集体记忆和共同体的想象，夯实了共通共享的文化底色。可见，对于媒介仪式来说，除了传播信息的价值之外（内容传递），更重要的是对参与者共同体意识的构建与维护以及文化内核的共享（意义共享）。借助媒介仪式的共享功能，主流意识形态能够以更加感性的方式进行传播。

二是凝聚功能为主流意识形态的感性传播奠定情感基础。

视觉文化视域下主流意识形态感性传播的一大特征就是"情感化"，而媒介仪式的凝聚功能能够很好地为主流意识形态感性传播奠定情感基础。"仪式的功能始终就是使心理倾向兴奋起来，所以仪式看上去可以起到各种各样的作用，但其实只起到了一个作用，一种一以贯之的作用。"① 涂尔干所谓的"一个作用"就是凝聚力量，仪式营造的感性氛围极富情绪感染力，在"神圣—世俗"的框架里建立起互动情感基础上的集体意识，从而强化一定形式的团结，维护既定的社会秩序。媒介仪式作为仪式的一种新样态，人们通过大众媒体特别是视觉媒介"观看"媒介仪式，唤起了共同的记忆和团结之情，维系了个体与群体身份的归属，随之延展了价值观上的认知，发挥的也是仪式的凝聚功

---

① THOMPSON J B. *The Media and Modernity* ［M］. Cambridge：Polity Press，1995：17.

能。在媒介仪式的展演中，无论是视觉符号下的仪式情境打造或者镜像复制，还是表演形式的仪式行为表达，以及虚拟在场的仪式集体观看，都强调情感下的主体询唤，以达到更好的仪式共享和仪式凝聚。情感成为媒介仪式中"生动的体验"和"集体记忆建构"的前提和纽带，而仪式本身所具有的凝聚功能反过来又强化并夯实了情感，即情感的进一步升华。正因为有了情感，人们会对共同参与的媒介仪式中包含的精神文化内容产生认同。用情感把各个社会成员的力量团结在一起就是媒介仪式凝聚功能最重要的体现，通过凝聚社会成员的情感，社会主义意识形态可以借助媒介仪式推动情感认同，这是主流意识形态内化的情感基础。

三是社会化控制功能为主流意识形态的感性传播提供有力保障。

媒介仪式通过符号权力、媒介事件策划，在"竞赛、征服和加冕"中唤起集体情绪，完成对社会秩序、集体及国家威权的信服和构建，具有软性的社会化控制功能。区别于国家强制性权力，这种"软性"控制指的是媒介仪式在媒介中心化的背景下渗透进"平常生活"，在时空征服上具有霸权性，个体在整体性社会心理带动下或主动或被动地受到它的影响——即在视觉媒介无处不在的当今社会，人们不可能彻底摆脱视觉媒介而生活，也更不能彻底远离通过媒介仪式传播的思想观念和价值理念，这就是媒介仪式对于整个社会的控制。由于视觉媒介在社会文化传播中已形成了一种强大的无可撼动的地位，在其基础上产生的仪式文化促成仪式生活图景中个体行为的模式化和内化，对社会成员表现出强大的控制力量。媒介仪式的这种社会化控制功能为主流意识形态的感性传播提供了有力保障。习近平总书记指出，"要建立和规范一些礼仪制度，组织开展形式多样的纪念庆典活动，传播主流价值，增强人们的认同感和归属感"①，"要注意把社会主义核心价值观日常化、具体化、形象化、生活化，使每个人都能感知它、领悟它，内化为精神追求，外化为实际行动，做到明大德、宁公德、严私德"②。媒介仪式的出现为主流意识形态传播提供了有效载体，将其作为传播主流意识形态的实践抓手，通过发挥媒介仪式社会化控制功能使主流意识形态能够在社会中得到更好的感性传播。

## 二、媒介仪式下的主流意识形态感性传播内涵解构

（一）新时代主流意识形态媒介仪式感性传播理念是一种新的传播本体观

一是主流意识形态传播是从内容到过程和意义的感性共享。

传统占主导地位的"传播的传递观"认为传播的本体或实质是信息传递，但是在凯瑞的"传播的仪式观"中，反映出的仪式与传播之间是一种本体关系。根据凯瑞的看法，媒介化传播本身就是一种仪式。"传播的仪式观并不在于信息的获取，而在于某种戏剧性的行为，在这种戏剧性行为中，读者作为戏剧演出的旁观者加入了这一权力纷争的世界。这时我们面对的不是讯息的效果或功能问题，而是呈现和介入在建构读者的生活与时间中所扮演的角色。"③ 新时代主流意识形态的媒介仪式感性传播理念所体现的就是这种新的传播本体思想。过去由于传播观念的滞后与错位，主流意识形态的传播在一定程度上仅仅停留于信息

---

① 习近平. 习近平在中共中央政治局第十三次集体学习时强调 把培育和弘扬社会主义核心价值观作为凝魂聚气强基固本的基础工程 [N]. 人民日报，2014-2-26 (1).

② 习近平. 习近平在上海考察时强调当好全国改革开放排头兵不断提高城市核心竞争力 [N]. 人民日报，2014-5-25 (1).

③ [美] 詹姆斯·W. 凯瑞. 作为文化的传播："媒介与社会"论文集 [M]. 丁未，译. 北京：华夏出版社，2005：12.

传递的层面上，没有形成集体意义的建构与分享（这种共享往往是在感性的前提下完成），从而使主流意识形态传播活动成为官方和媒体的单向意识形态输出，难以被受众内化为认同，升华为信仰，而以媒介仪式作为"身体在场"的重要传播手段，建立起一种适合主流意识形态传播的新传播观念，是新时代主流意识形态感性传播范式的仪式化重大转向。

二是主流意识形态传播主要以媒介仪式的视觉符号表意实现。

仪式原本是一个宗教学的概念，涂尔干在《宗教生活的基本形式》中将人类的宗教现象分为两种：作为"信仰"的思想层面和作为"仪式"的行为层面。当今社会，人的思想和行为的建构很大程度上要依赖大众媒介的传播。通过媒介视觉符号的传播，受众或主动或被动地参与到媒介事件中，我们把这种现象称之为"媒介仪式"。媒介仪式表现为一种公开性、象征性和表演性的文化实践行为，表征相对应的社会结构和社会意识形态。在媒介仪式的表达中，数字化视觉媒介比传统媒介具有更多的优势，以互联网为代表的电子视觉媒介传播手段更丰富。具体来说，可运用的符号元素包括声音符号、文字符号、色彩符号、图像符号等，媒介仪式通过这一系列的视觉符号化传播不断构建起表征集体情感的现代神话。因此，新时代主流意识形态媒介仪式传播本质上就是一种感性的视觉符号传播。

三是主流意识形态媒介仪式传播过程也是主流意识形态生产、维系、转变和发展的符号过程。

在符号学中，符号过程为发送者（意图意义）—符号信息（文本意义）—接受者（解释意义）。如果说传统媒介在体现传播仪式观上较为隐晦，那么当前借助互联网技术克服时间和空间的局限，展现的媒介仪式现场，感性直观地整合主流意识形态所要传播的价值理念、政策主张，则能充分体现视觉媒介对于社会形式、秩序的掌控所贡献的力量。主流意识形态的媒介仪式展演是以包括声音、文字、图像等象征符号的表达为基础的。将仪式本身所要表达的规范性内容通过符号的选择和意义的赋予形成具体的象征符号，并通过更具普适性的感性仪式展演，塑造民众内心对主流意识形态的认同。因此，新时代主流意识形态媒介仪式传播过程也是主流意识形态生产、维系、转变和发展的符号过程。

（二）新时代主流意识形态媒介仪式感性传播的仪式共享方法

一是仪式展演，超越时空限制，实现高水平共享。

仪式，是礼的秩序形式，指在一定场合举行的具有特定程序、规范化的活动。从古至今，每一种仪式的举行都有特定的场所，比如寺庙、圣坛、祠堂等。与日常生活不同，仪式在特定的时间和空间举行以彰显其神圣性，这样仪式的特殊功能才得以生成和实现。在仪式中，通过表演的方式将国家信念、民族情感和社会文化汇聚呈现并传递给观众，实现权力的生产和再生产，为国家形象和国家认同的多重建构提供一种高效运作方式。新时代主流意识形态的媒介仪式展演不仅是对自身内容的一种呈现，更是通过这种展示实现一种文化仪式的共享。电视、网络视频平台不仅可以实现媒介仪式的共时展演，还突破了时间和空间的在场限制，为观众拟造了一个随时随地的参与渠道，可以让观众延时观看、碎片化参与，实现了"观看即参与"的仪式共享。媒介仪式感性生动的技术加权不仅没有让传统仪式的现场感丧失，甚至由视觉符号、灯光、虚拟形象等设计的仪式编排，营造出超越了真实的情绪氛围。除此之外，媒介仪式往往具有极大的关注度，仪式展演会吸引许多社会群体的注意，甚至观众会产生一种类似节日的狂欢气氛。在高关注度和高参与度中，主流意识形态实现高水平共享。

二是媒介技术联动，凸显仪式效果。

一方面，新时代主流意识形态媒介仪式传播在媒介联动的基础上塑造仪式场域，建立实时互动。以往，社会成员参与重大事件的方式极其单一匮乏，需要亲自前往现场参与，强调在场的意义。但是受到空间、技术等方面的限制，除了少数人能目睹，绝大部分人不能直接前往现场参与这些盛大庄严的仪式事件。伴随着移动通信技术的快速迭代，互联网媒体的发展进入快速上升时期，技术赋能之下新媒体承载了更多网民的狂欢与信仰表达，成为观众进行互动的重要平台。在网络技术的依托下，新媒体多样化的互动方式使受众更好地参与仪式、共享情感。运用新媒体，受众可以进行即时互动交流。在这种媒介联动的分享圈、互动圈中推动主流意识形态的传播。另一方面，新时代主流意识形态媒介仪式传播依靠媒介技术支撑，突显仪式效果。媒介技术的不断发展为仪式化传播提供技术支撑，突破大众参与公共生活的技术性障碍，拓宽以往大众参与仪式的渠道，摆脱了特定的空间与视觉的局限。许多媒介仪式在与先进技术的结合下，营造的仪式气氛更加浓烈，真实感强，使仪式的空间感、距离感更有层次，使仪式得以完美呈现，从而更容易引起观众的参与意识。

三是营造共情现场，推动社会秩序构建。

社会秩序在本质上讲是各种价值观念的平衡，并在一定的价值标准和规则之下形成共识，它包括政治的、经济的、文化的秩序等。当前社会正处于转型期，社会秩序建构场景发生了深刻的变化。新时代主流意识形态媒介仪式感性传播的仪式共享模式构建了一个糅合仪式流程、视觉色彩、视觉符号等要素的强大的富有沉浸感、奇观化、象征性的共情现场，不仅注重传递效率和覆盖范围的传播还融入传播仪式观的仪式共享，推动社会凝聚价值共识，构建社会秩序。例如，春节联欢晚会、建党百年七一讲话等仪式于自媒体平台的广泛传播，其目的也不仅仅在于单纯的使社会群众知晓这一活动的信息内容，而在于通过这一活动使观看者知晓其隐含的民族文化及党的初心使命，以唤醒、凝聚受众对于党、国家、民族的认同感与向心力。

（三）新时代主流意识形态媒介仪式感性传播的媒介时空融合

多伦多传播学派的创始人哈罗德·伊尼斯（Harold lnnis）在《传播的偏向》① 中指出媒介的特质会极大地影响知识在空间和时间上的传播，即媒介是具有时空偏向的，有的媒介适应在时间上的纵向传播，而有的媒介更适应在空间上的横向传播，各有倚重，最终影响文化传播的偏向。视觉媒介如电视、电影等无疑是强调现代性的视觉偏向的，他们打破了印刷时代如报纸的纵向传播的时间垄断，在时间和空间上进行了融合。随着虚拟现实技术浪潮和正在到来的 5G 时代，媒介的时空融合能力愈发增强，借助网络人们很容易实现跨空间的参与互动。媒介时空融合的强化一方面使得人实现了对有形或者无形隔断的社会空间的超越，实现意识的延伸，从而便于人们对感知的信息进行整合处理，充分发挥媒介的传播功能；另一方面，在媒介仪式的论域里，媒介本身成为仪式，其仪式化表述突出了"时间上对一个社会的维系"，注重"把社群观念和参与观念同深深扎根于历史的共同信念联系起来"②，在形成"想象的共同体"中实现民族认同、社会认同，从而在时间上有了历史性的承接。因此，在新时代媒介仪式为主流意识形态感性传播实现时空平衡创造了新的空间，表现为高度的现实可操作性，一是媒介仪式空间想象力十足，不仅承载的仪式信息突破了物理空间的限制，参与者也不再受到空间阻隔（虚拟交往、云参与）；二是在时间上可以共时观看，

---

① ［加］哈罗德·伊尼斯. 传播的偏向 ［M］. 何道宽，译. 北京：中国传媒大学出版社，2013：71.

② ［美］汉诺·哈特. 传播学批判研究：美国的传播、历史和理论 ［M］. 何道宽，译. 北京：北京大学出版社，2008：163.

也可以延时观看，实现"时间位移"，在信息收集、存储、整理、利用上都具有时间上的自由度。

### 三、主流意识形态的媒介仪式感性传播理念是适应时代发展的选择

主流意识形态的传播从"传递观"到"仪式观"。主流意识形态要成为主流且主导的意识形态离不开"传播"，而意识形态作为观念的集合，潜隐着价值和意义的追求，由此，主流意识形态的传播与其他形式的传播相比就更有特殊性：一是传播上的效率与速率的要求；二是意义共享的要求。长期以来，主流意识形态传播的侧重点大部分是落在前者，即强调如何提高主流意识形态的覆盖面（包括虚拟空间和现实空间），如何让主流意识形态更快更好地走入大众之间（包括媒介技术的运用和传播手段的革新），这实质是一种"传递观"，显然对"意义共享的要求"有所忽略，传播过程自然就丧失了媒介仪式传播所有的"意义共享达成时间上对社会的维系"效果，而"仪式"又是感性的，与整个课题的研究方向是契合的。另外，为达到主流意识形态传播效率和速率，对于传播相关技术追求和应用的工具理性超越了价值理性，导致主体性迷失，"不仅遮蔽了人们对主流意识形态本质的理解，也遮蔽了人们对传播本质的理解"①。我们都很容易理解这个事实：在传播中内容传递到了并不意味着受众对传播内容的认同，在"传递观"占据主导地位的情况下，主流意识形态传播很容易被简化为单纯的信息通过渠道加以传递发送给受者，与主流意识形态传播的特殊性要求有所脱离，主流意识形态传播的目标是要共享意义，促成价值共识，在整个社会层面让主流意识形态转化为主导意识形态，成为人们的精神追求和行

---

① 张伟，杨明. 从"传递观"到"仪式观"：论社会主义核心价值观传播的范式转换[J]. 江苏行政学院学报，2018（2）：13.

动指南。可见，主流意识形态传播的"传递观"存在一定的缺陷，需要适当地以"仪式观"来弥合短板，借助视觉呈现、仪式展演来交流互动，传达、共享、再生产意义，从而唤起共同记忆，凝聚思想共识，加强文化认同，稳固社会秩序。

数字时代的到来，媒介仪式在主流意识形态感性传播中占据更为重要地位。由于数字科学和现代信息技术的快速发展，数字媒体已悄然融入大众生活的方方面面，全球新闻业闻声而动，将数字技术作为转型内驱力，酝酿衍生出一种多中心的传播生态新样态。媒介的高度渗透性使其不再只承担着内容处理、信息输送的功能效用，而是升级成为调节社会情绪、供给社会运转的有机系统。在此背景下，媒介仪式获得了更多的应用空间。一方面，媒介仪式有更大的可能产生社会整合以外的影响；另一方面，媒介仪式传播的基本逻辑，始终是情感的逻辑。媒介仪式倘若将情感策略运用得恰当，"动之以情，晓之以理"，能够产生难以估量的感染力与震撼力，例如以共鸣激发共振，唤醒大众内心深厚浓郁的爱国情怀，并瞄准时机将意识层面的情感认同转化为现实层面的爱国行动。

前文有提到，媒介仪式具有共享功能、凝聚功能和社会化控制功能，这些功能都是对媒介仪式的基本功能——社会整合的延伸。媒介仪式的根本目的就是整合社会、凝聚认同。数字时代，"全媒体"取代单一媒体成为媒介仪式推进的主要中介；沉浸参与接替强制注意成为受众影响机制的关键所在。也就是说，依托数字媒体生态作为底层框架的媒介仪式，实则是在挖掘利用"全媒体"内含的新闻伦理、情感符号和叙事表达对受众进行展演体验式熏陶，受众在仪式氛围包裹下通过沉浸式地参与互动不仅实现了个人认知感性与理性的交汇碰撞，也在与媒体生态的无间断互动中完成了仪式的全过程，达到了仪式的效果。可见，媒介仪式的强互动性属性为形成以社会为单位的情感网络与情感共鸣机制建立了建设性基础。借助媒介仪式进行的感性传播，可以更好地发挥其社会整合的作用。

随着数字技术架构愈渐丰满，媒介生态的融合性表征日益明显，这一变化不仅扩大了仪式展演的辐射半径，更对传统的展演规则与格局进行了有力重塑。首先，展演的呈现形式因信息生产与传播的途径不断丰富而日趋广泛多元，关于传统节日、庆典等的现场直播不再享有"包场"资格，而是退居为其中的某一部分、某一层级或某一环节。多形式的媒介仪式交流互动反而更加持久，使难以留存的现场感和时间感得以加固。其次，为满足大众日益增长的视觉文化需要，媒体在数字技术的支持下不断突破创新，由单一地为仪式提供展演空间发展为全方位地制定实施展演策划和整体塑造，越来越多的媒体机构在仪式活动中主动模糊专业边界，转而投身为能够发挥直接影响力的践行者。最后，数字媒体生态的技术应用超脱了工具属性，包装成为仪式化展演中的新样式、新元素，进而实现展演的技术性崇拜新升级。与此同时，媒介仪式策划者也巧用这一过渡转换淡化、消解仪式实践与仪式本身之间的固有界限，从而使得媒介仪式不再是单独的特别节目而是成为一种总体性的社会氛围，为受众提供更加完整持久的体验。

现如今，媒介仪式大众参与范围广、介入反映好、吸引力和号召力极其显著。从"接受者"到"参与者"，大众在媒介仪式中的角色转换为媒介仪式的应用增强了更多活力。大众主动参与、积极介入，这不仅为主流意识形态传播实时反映和有效反馈给予便捷，还有利于在大众与媒介的高度互动中刺激形成更大范围的参与，也为更好利用大众更加柔性的情感表达完成主流意识形态的建构、再传播创造可能。这种情况下，媒介仪式成为主流意识形态感性传播中最具影响力的方式之一。

## 四、主流意识形态媒介仪式感性传播的问题及防范要点

（一）应注意的问题

媒介仪式拓展了仪式的传播空间，逐渐成为主流意识形态的一种新型传播工具，但其自身也存在一些不可忽视的局限性。

一是媒介仪式的形式化。随着媒介仪式的日常化发展，不可避免地会出现形式化的倾向。仪式是一种神圣的活动，其权威来自其正式性和庄严性，尽管媒介仪式的"虚拟在场"极大地拓展了仪式时空，甚至营造出超越真实的氛围和场景，但并不是所有的媒介仪式展演都能达到满意的效果，有时候不可避免地由于场景或者视觉符号的编排以及个体参与的投入度和低成本伤害到整个仪式的神圣性，使得媒介仪式流于形式，疏于内容，走向形式化，失去威权和吸引力，其所传递的文化对参与人员的影响作用也会随之减弱，造成主流意识形态媒介仪式感性传播受到影响。

二是媒介仪式客观上的分离性。媒介仪式一方面扩大了仪式的参与面，让不具备现场参与条件的民众有了"观看式参与"（观看即是参与）的机会，在创造仪式表演者与观众"见面"的同时，又不可避免地客观上加剧了仪式表演者与观众的分离，这种吊诡的现象称之为"媒介仪式参与悖论"。互联网的发展扩大了媒介仪式的受众范围，极大地增加了媒介仪式的参与人数，但同时也会降低表演者与观众的互动性，影响观众的参与热情与专注度，导致观众和表演者之间的距离越来越大，从而对媒介仪式传播效果造成影响。

三是媒介仪式商业化的渗透。在市场经济之下，越来越多的媒介仪式受到商业化的渗透，各种冠名广告或软性植入，或硬性播出，使得媒介仪式成为商品符号的展台，干扰了仪式叙事的核心形象塑造和集体记

忆的建构，造成媒介仪式的意义内涵受到冲击，在实际传播过程中逐渐衰减，失去应有的教育意义。

因此，媒介仪式要克服相关局限，提升其在主流意识形态传播领域中的影响力，就要不断对自身结构和内容进行优化，发挥媒介仪式在主流意识形态感性传播中的优势和功能，使媒介仪式的政治话语权和社会影响力逐步得到提升。

（二）防范要点

1. 妥善处理媒介仪式的象征化、符号化

新时代主流意识形态媒介仪式感性传播需要加强媒介仪式的符号化、象征化编排和设计。象征化是符号化的关键路径，也是抽象理念进入仪式的必要步骤。"象征符号使用过程的一个方面是，使不能直接被感觉到的信仰、观念、价值、情感和精神气质变得可见、可听、可触摸。"① 例如，现代民族国家通过对国旗象征意义的不断建构来体悟国家共同体，通过升旗仪式进行爱国主义教育，建立起对祖国的热爱。具有象征性意义的符号表征着媒介仪式的核心价值诉求，并能够让参与者潜移默化地体悟并接受它。媒介仪式形象化、富有情感色彩才能打动人心，所以，必须认真"研究特定的仪式并慎重地将它们与某种文化或某种生活方式的方方面面联系起来"②。仪式象征还要实用化，这样主流意识形态感性传播才能"简明而不简单，具体而不模糊，通俗而不庸俗，生动而不生硬"，才能使主流意识形态变得更有情感、更有温度，能够引发公众的共鸣。新时代我国加强媒介仪式的符号化、象征化发展要充分借鉴与吸收古今中外仪式符号化、象征化的经验，取其精华

---

① ［美］维克多·特纳. 象征之林：恩登布人仪式散论［M］. 赵玉燕，欧阳敏，徐洪峰，译. 北京：商务印书馆，2014：48.

② ［美］詹姆斯·W. 凯瑞. 作为文化的传播："媒介与社会"论文集［M］. 丁未，译. 北京：华夏出版社，2005：45.

去其糟粕,生产适合我国主流意识形态传播的媒介仪式象征符号,这是一项需要政府、专家学者、各界群众共同参与的系统工程。不仅要注意象征符号的层次性,也要注意符号与象征意义之间的关联性,还要注意象征符号的神圣性。

2. 强调人民"在场"

主流意识形态媒介仪式传播不是单一的权力灌输与强制执行,而是人们自发自觉的情感投入与意义世界共建,人民群众"入戏"或"在场"至关重要,需要更多地调动公众参与积极性。人民群众唯有"置身其中",才能确认和分享隐藏在仪式展演背后的价值导向、思想观念。一方面要注意始终基于人民群众的现实生活需要和精神需求。意识形态只有符合群众的利益和诉求,人们才会接受并认同它。另一方面,要让人民群众从被动的旁观者转变为主动参与者。媒介仪式传播应尽可能借助媒介技术手段创新融合时间和空间的表现方式,将不同时空下的个体"链接"到"现场",使接受者甚至旁观者,演变为主动的参与者。

3. 增强氛围和情感渲染

媒介仪式感性传播遵循的情感逻辑,要求场景建构具有"虚拟的真实感",能够激发观众的情绪,把感性秩序固化为社会秩序。因此,新时代主流意识形态媒介仪式感性传播要增强媒介仪式的氛围和情感渲染,增进参与者对主流意识形态的情感共鸣。一方面,媒介仪式的场所、内容、场景以及实施等方面要形成与主流意识形态相通的"气场",创造适宜的情境,进行氛围渲染,唤起人民群众的共鸣与共情。例如,可以借助移动信息技术还原历史场景,借助服装设计、场景设置、行为展演以及活动展示,对受众的视觉、听觉、心理形成正向冲击。另一方面,发挥仪式程式化的特点,切合人民群众认知惯性,以熟悉、亲切的形象再现历史与现实、传统与现代，让主流意识形态在情感上没有疏离感，不被心理排斥，愿意亲近并接纳。

4. 重复操演

习近平总书记指出"要利用各种时机和场合，形成有利于培育和弘扬社会主义核心价值观的生活情景和社会氛围，使社会主义核心价值观的影响像空气一样无所不在、无所不有。"① 新时代主流意识形态媒介仪式感性传播是一个重复性、持续性的实践活动，在反复持续的媒介仪式实践中才能够固化价值秩序。这种长期性的重复操演要求对媒介仪式时空的持续性、周期性、稳定性提出了要求。一是要利用好各种政治性的节日和纪念日，如"八一""十一"等；二是要利用好中国传统节日，如中秋节、端午节等；三是设计好特定主题的仪式。总之，对于纪念日和传统节日仪式需要做好创造性转化，对于特定主题仪式重点根据实际情况进行创新性开发，要将主流意识形态巧妙地融入这些节日、纪念日之中，在原有的文化意涵基础之上，加深其意识形态内涵，提升主流意识形态媒介仪式传播效果。此外，还要在具体空间上反复操演，一是利用好固定的纪念空间，如纪念馆、烈士陵园等；二是利用好主题式的仪式空间，如举行开学典礼的大礼堂等。可以在这些特定的地方营造良好的氛围，保证媒介仪式在实践过程中的庄重性。同时，加强上述纪念空间的建设，引导人们自觉在这些场所举办纪念仪式，使记忆不断强化，潜移默化地推进主流意识形态入脑入心。

5. 挖掘仪式资源

媒介仪式资源挖掘要做好两个结合：一是与中国优秀传统文化结合；二是要结合中国特色社会主义现代化新征程的现实需要。因此，新

---

① 习近平. 习近平在中共中央政治局第十三次集体学习时强调把培育和弘扬社会主义核心价值观作为凝魂聚气强基固本的基础工程［N］. 人民日报，2014-2-26（1）.

时代主流意识形态的媒介仪式有效展演，必须大力挖掘仪式资源，要做的是：一是从传统文化中汲取营养。传统文化包含形式多样、内容丰富的仪式类型，从国家层面的祭祀典礼，到社会层面的社交礼，再到个人层面的礼节至今都有强大的生命力，能够给主流意识形态媒介仪式传播带来许多启示。因此，开发与转化中国传统礼仪资源势在必行，我们要在充分尊重的基础上开发、利用好民族传统中的礼仪资源，充实到媒介仪式传播当中。二是要从中国共产党的革命、建设、改革中挖掘各种纪念仪式，要立足于中国共产党波澜壮阔的百年奋斗史，充实仪式的历史内容，增加四史元素，增强仪式的历史厚重感。三是要从现实的发展中挖掘仪式资源，比如新兴的各种网络仪式，我们要重新诠释和深化仪式的网络话语，更要找到历史、现实和未来的对接点。

6. 建立保障机制

新时代主流意识形态媒介仪式感性传播要建立保障机制，消解阻碍主流意识形态传播的离散因素。近年来，党和政府非常重视媒介仪式的作用，明确提出要运用礼仪传播主流意识形态。习近平总书记指出："要建立和规范一些礼仪制度，组织开展形式多样的纪念庆典活动，传播主流价值，增强人们的认同感和归属感。"① 这就需要精心的组织和设计安排，需要广泛的政治和社会动员，需要宏大的内容展演以及神圣氛围的营造，而要做到这一切，离不开仪式传播的制度建设。一是要建立和完善党和国家的纪念制度；二是要构建广泛的群众参与机制，在媒介仪式活动中积极调动人民群众的主体性作用，推动媒介仪式孕育的社会主义核心价值观入脑入心；三是要从实际出发，整合内部资源，建立主流媒体开展媒介仪式的合理规范的程序；四是针对媒介仪式传播出现

---

① 习近平. 习近平在中共中央政治局第十三次集体学习时强调把培育和弘扬社会主义核心价值观作为凝魂聚气强基固本的基础工程［N］. 人民日报，2014-2-26（1）.

的散播不良价值观念、违背公序良俗等现象，要建立法律惩治和预防制度，维护健康、共享的仪式氛围。在整个媒介仪式前后，有关部门要建立相应的预测、监管、应急处置和问责机制，及时发现问题和解决问题，消除各种阻碍主流意识形态传播的隐患和离散因素。

# 结　　语

意识形态工作极端重要。党的二十大报告指出："建设具有强大凝聚力和引领力的社会主义意识形态。意识形态工作是为国家立心、为民族立魂的工作。牢牢掌握党对意识形态工作领导权，全面落实意识形态工作责任制，巩固壮大奋进新时代的主流思想舆论。健全用党的创新理论武装全党、教育人民、指导实践工作体系。"党的二十大报告明确了意识形态工作在党和国家工作大局中的重要地位和作用，因此，以习近平新时代中国特色社会主义思想为根本指导，探索新时代主流意识形态传播具有重大价值。

"现代社会，大量的视觉符号营造了人们的生活空间，以视觉为中心的视觉文化符号传播系统正向传统的语言文化符号传播系统提出挑战。"① 根据第三方机构 Quest Mobile 发布的《2022 中国移动互联网半年报告》，短视频继续扮演着吞噬时间的巨大黑洞，聊天看剧刷新闻的时间被短视频挤压，用户刷短视频的时间越来越多。2022 年 6 月，微信视频号月活规模突破 8 亿，抖音为 6.8 亿，快手 3.9 亿。这也从一个

① 孟建. 视觉文化传播：对一种文化形态和传播理念的诠释 [J]. 现代传播，2002
（03）：1—7.

方面验证了这个事实，现代化传媒成为"现代社会生活的中心特征"①。在现代传播科技的作用下，以视觉为中心的感性主义传播方式成为主流意识形态传播的一大转向。因此，当代中国要讲好中国故事，传播好中国声音，增强主流意识形态话语在人民群众中的感染力、吸引力，需要充分发挥视觉文化时代感性传播的作用，克服我国主流意识形态传播中的精英化倾向与大众化需求的矛盾，深化视觉文化视域下以感性形象或符号象征传播意识形态观念的感性传播研究，推动主流意识形态在视觉文化中的转化及实践。

可见，我国主流意识形态传播的感性选择有其深厚的现实背景，与主流意识形态传播理性化传统相比较，感性传播的感性直观、易于接受等特点充分彰显了其在主流意识形态传播方面的优越性：传播方式视觉化，能够极大地改善主流意识形态的吸引力；传播空间日常生活化，能够扩大主流意识形态影响力；传播话语感性化，能够极大地增强主流意识形态感染力；传播媒介仪式化，能够强化主流意识形态冲击力；传播路径具身性在场，能够提升主流意识形态感受力……其中有必要提到的是与日常生活的结合更是有利于促进主流意识形态的"宏大叙事"和"细小叙事"的有机耦合，有利于主流意识形态落细、落小、落实，真正地融入人们的日常生活之中。但视觉文化视域下的主流意识形态感性传播也有其本身的一些不足，并不能完全替代理性的"灌输"等模式，需要我们更多地去思考如何进行感性和理性的结合。在项目研究的主旨导向下，项目还对媒介仪式下的主流意识形态感性传播进行了理论扩展，这个点不仅是对视觉文化的一个拓展，对于"中国共产党纪念活动研究"应该也是一个非常好的视角，值得进一步研究。当然，视觉

①　［英］约翰·B.汤普森.意识形态与现代文化［M］.高銛，译.南京：译林出版社，2005：83.

文化脱离不了科学技术迅猛发展的宏观背景，这又给我们提供了很多思考的角度，比如如何审慎对待"元宇宙"的新感性传播等都是值得去深入研究的。总而言之，视觉文化视域下的主流意识形态感性传播研究是个非常具有张力的课题，还具有很大的研究扩展性。当然，由于研究的重心的问题，本项目更多地是面向国内的一种理论验证和书写，并没有对视觉文化视域下主流意识形态感性传播的对外传播角度展开研究，比如面向海外传播的视觉感性论证，这应该是本课题的另外一个研究增长点。

# 参考文献

## (一)专著类

[1]中共中央马克思恩格斯列宁斯大林著作编译局. 马克思恩格斯选集: 1 卷[M]. 北京: 人民出版社, 1995.

[2]中共中央马克思恩格斯列宁斯大林著作编译局. 马克思恩格斯文集: 1 卷[M]. 北京: 人民出版社, 2009.

[3]中共中央马克思恩格斯列宁斯大林著作编译局. 马克思恩格斯文集: 2 卷[M]. 北京: 人民出版社, 2009.

[4]中共中央马克思恩格斯列宁斯大林著作编译局. 马克思恩格斯文集: 3 卷[M]. 北京: 人民出版社, 2009.

[5]中共中央马克思恩格斯列宁斯大林著作编译局. 马克思恩格斯文集: 4 卷[M]. 北京: 人民出版社, 2009.

[6]中共中央马克思恩格斯列宁斯大林著作编译局. 马克思恩格斯文集: 5 卷[M]. 北京: 人民出版社, 2009.

[7]中共中央马克思恩格斯列宁斯大林著作编译局. 马克思恩格斯文集: 6 卷[M]. 北京: 人民出版社, 2009.

[8]中共中央马克思恩格斯列宁斯大林著作编译局. 马克思恩格斯

文集：8 卷［M］．北京：人民出版社，2009.

［9］中共中央马克思恩格斯列宁斯大林著作编译局．马克思恩格斯文集：9 卷［M］．北京：人民出版社，2009.

［10］中共中央马克思恩格斯列宁斯大林著作编译局．马克思恩格斯文集：10 卷［M］．北京：人民出版社，2009.

［11］中共中央马克思恩格斯列宁斯大林著作编译局．马克思恩格斯全集：1 卷［M］．北京：人民出版社，1956.

［12］中共中央马克思恩格斯列宁斯大林著作编译局．马克思恩格斯全集：2 卷［M］．北京：人民出版社，1957.

［13］中共中央马克思恩格斯列宁斯大林著作编译局．马克思恩格斯全集：17 卷［M］．北京：人民出版社，1963.

［14］马克思．1844 年经济学哲学手稿［M］．北京：人民出版社，2014.

［15］马克思．路易·波拿巴的雾月十八日［M］．北京：人民出版社，2001.

［16］马克思，恩格斯．德意志意识形态(节选本)［M］．北京：人民出版社，2003.

［17］列宁．列宁全集：4 卷［M］．北京：人民出版社，1984.

［18］毛泽东．毛泽东选集：2 卷［M］．北京：人民出版社，1991.

［19］毛泽东．毛泽东选集：4 卷［M］．北京：人民出版社，1991.

［20］习近平．习近平谈治国理政：第 1 卷［M］．北京：外文出版社，2018.

［21］习近平．习近平谈治国理政：第 3 卷［M］．北京：外文出版社，2020.

［22］北京大学哲学系外国哲学史教研究. 西方哲学原著选读［M］. 北京：商务印书馆，1982.

［23］北京大学哲学系外国哲学史教研室. 西方哲学原著选读：上卷［M］. 北京：商务印书馆，1981.

［24］费孝通. 乡土中国，生育制度［M］. 北京：北京大学出版社，1998.

［25］郭庆光. 传播学教程［M］. 北京：中国人民大学出版社，2011.

［26］韩丛耀. 图像：一种后符号学的再发现［M］. 南京：南京大学出版社，2008.

［27］胡潇. 媒介认识论［M］. 北京：人民出版社，2012.

［28］李彬. 传播学引论：增补版［M］. 北京：新华出版社，2003.

［29］李友梅. 中国社会生活的变迁［M］. 北京：中国大百科全书出版社，2008.

［30］刘少杰. 社会学理性选择理论研究［M］. 北京：中国人民大学出版社，2012.

［31］蒙培元. 情感与理性［M］. 北京：中国社会科学出版社，2002.

［32］荣鑫. 消费社会意识形态批判理论［M］. 北京：中国社会科学出版社，2020.

［33］邵培仁. 政治传播学［M］. 南京：江苏人民出版社，1991.

［34］王宁. 从苦行者社会到消费者社会［M］. 北京：社会科学文献出版社，2009.

［35］王霄冰. 仪式与信仰：当代文化人类学新视野［M］. 北京：民

族出版社，2008.

[36]王一岚．新媒介情境下的意识形态构建[M]．北京：社会科学文献出版社，2016.

[37]王治河．福柯[M]．长沙：湖南教育出版社，1999.

[38]文化部党史资料征集工作委员会办公室．长征中的文化工作[M]．图书馆出版社，1998.

[39]肖前．马克思主义哲学原理：上册[M]．北京：中国人民大学出版社，1994.

[40]肖胜伟．视觉文化与图像意识研究[M]．北京：北京大学出版社，2011.

[41]薛可，余明阳．人际传播学[M]．上海：上海人民出版社，2012.

[42]杨先顺．话语·叙事·伦理[M]．广州：暨南大学出版社，2019.

[43]衣俊卿．现代化与文化阻滞力[M]．北京：人民出版社，2005.

[44]俞吾金．意识形态论[M]．北京：人民出版社，2009.

[45]张秀琴．西方马克思主义意识形态理论的当代阐释[M]．北京：中国传媒大学出版社，2005.

[46]张耀翔．感觉、情绪及其他[M]．上海：上海人民出版社，1986.

[47]赵静蓉．文化记忆与身份认同[M]．北京：生活·读书·新知三联书店，2015.

[48]赵毅衡．文学符号学[M]．北京：中国文联出版公司，1990.

[49]《哲学大辞典》编辑委员会．哲学大辞典[M]．上海：上海辞书出版社，1992.

[50]郑保卫.中国共产党领导人新闻实践与新闻思想研究[M].北京：中国人民大学出版社，2011.

[51]郑玄.仪礼注疏[M].北京：北京大学出版社，1999.

[52]中共中央文献研究室.习近平关于社会主义文化建设论述摘编[M].北京：中央文献出版社，2017.

[53]中共中央宣传部.习近平新时代中国特色社会主义思想三十讲[M].北京：学习出版社，2018.

[54]周民峰.当代中国意识形态观研究[M].北京：人民出版社，2012.

[55]周宪.当代中国的视觉文化研究[M].南京：译林出版社，2017.

[56]周宪.崎岖的思路：文化批判论集[M].武汉：湖北教育出版社，2000.

[57][德]鲍姆嘉藤.美学[M].简明，王旭晓，译.北京：文化艺术出版社，1987.

[58][德]霍克海默.批判理论[M].李小兵，译.重庆：重庆出版社，1989.

[59][德]霍斯特·布雷德坎普.图像行为理论[M].宁瑛，钟长盛，译.南京：译林出版社，2016.

[60][德]康德.逻辑学讲义[M].许景行，译.北京：商务印书馆，2010.

[61][德]马丁·海德格尔.海德格尔选集[M].孙周兴，译.上海：上海三联书店，1996.

[62][德]瓦尔特·本雅明.迎向灵光消逝的年代[M].许绮玲，

译．桂林：广西师范大学出版社，2004．

[63][德]威廉·冯特．人类与动物心理学讲义[M]．叶浩生，贾林祥，译．西安：陕西人民出版社，2003．

[64][俄]谢·卡拉-穆尔扎．论意识操纵：上[M]．徐昌翰，译．北京：社会科学文献出版社，2004．

[65][法]埃米尔·涂尔干．宗教生活的基本形式[M]．渠东，汲喆，译．上海：上海人民出版社，2006．

[66][法]鲍德里亚．消费社会[M]．刘成富，全志钢，译．南京：南京大学出版社，2001．

[67][法]哈布瓦赫．论集体记忆[M]．毕然，郭金华，译．上海：上海人民出版社，2002．

[68][法]居伊·德波．景观社会[M]．王昭凤，译．南京：南京大学出版社，2006．

[69][法]雷吉斯·德布雷．图像的生与死：西方观图史[M]．黄迅余，黄建华，译．上海：华东师范大学出版社，2014．

[70][古希腊]柏拉图．理想国[M]．郭斌和，张竹明，译．北京：商务印书馆，1986．

[71][古希腊]亚里士多德．形而上学[M]．吴寿彭，译．北京：商务印书馆，1997．

[72][加]段炼．视觉文化：从艺术史到当代艺术的符号学研究[M]．南京：江苏凤凰美术出版社，2018．

[73][加]哈罗德·伊尼斯．传播的偏向[M]．何道宽，译．北京：中国传媒大学出版社，2013．

[74][加]马歇尔·麦克卢汉．理解媒介：论人的延伸[M]．何道

宽，译．北京：商务印书馆，2000.

[75][美] W. J. T. 米切尔．图像理论[M]．陈永国，译．北京：北京大学出版社，2006.

[76][美]赫伯特·马尔库塞．单向度的人[M]．张峰，译．重庆：重庆出版社，1993.

[77][美]丹尼尔·贝尔．资本主义文化矛盾[M]．蒲隆，赵一凡，任晓晋，译．北京：生活·读书·新知三联书店，1989.

[78][美]丹尼尔·杰·切特罗姆．传播媒介与美国人的思想：从莫尔斯到麦克卢汉[M]．曹静生，黄艾禾，译．北京：中国广播电视出版社，1991.

[79][美]道格拉斯·凯尔纳．媒体文化：介于现代与后现代之间的文化研究、认同性与政治[M]．丁宁，译．北京：商务印书馆，2004.

[80][美]费斯克．理解大众文化[M]．王晓珏，宋伟杰，译．北京：中央编译出版社，2001.

[81][美]汉诺·哈特．传播学批判研究：美国的传播、历史和理论[M]．何道宽，译．北京：北京大学出版社，2008.

[82][美]赫伯特·马尔库塞．工业社会和新左派[M]．任立，译．北京：商务印书馆，1982.

[83][美]鲁道夫·阿恩海姆．视觉思维[M]．滕守尧，译．成都：四川人民出版社，2019.

[84][美]尼古拉斯·米尔佐夫．什么是视觉文化[M]//陶东风，金元浦．文化研究．天津：天津社会科学院出版社，2002.

[85][美]尼古拉斯·米尔佐夫．视觉文化导论[M]．倪伟，译．南京：江苏人民出版社，2006.

［86］［美］唐·伊德．让事物"说话"：后现象学与技术科学［M］．韩连庆，译．北京：北京大学出版社，2008.

［87］［美］维克多·特纳．象征之林：恩登布人仪式散论［M］．赵玉燕，欧阳敏，徐洪峰，译．北京：商务印书馆，2014.

［88］［美］詹姆斯·W．凯瑞．作为文化的传播［M］．丁未，译．北京：华夏出版社，2005.

［89］［日］铃木大拙，［美］弗洛姆．禅与心理分析［M］．孟祥森，译．北京：中国民间文艺出版社，1986.

［90］［斯洛文尼亚］斯拉沃热·齐泽克．意识形态的崇高客体［M］．季广茂，译．北京：中央编译出版社，2002.

［91］［匈］阿格妮丝·赫勒．日常生活［M］．衣俊卿，译．哈尔滨：黑龙江大学出版社，2010.

［92］［英］大卫·麦克里兰．意识形态［M］．孔兆政，蒋龙翔，译．长春：吉林人民出版社，2005.

［93］［英］丹尼尔·戴扬，［美］伊莱休·卡茨．媒介事件：历史的现场直播［M］．麻争旗，译．北京：北京广播学院出版社，2000.

［94］［英］雷蒙·威廉斯．关键词：文化与社会的词汇［M］．刘建基，译．北京：三联书店，2005.

［95］［英］雷蒙·威廉斯．漫长的革命［M］．倪伟，译．上海：上海人民出版社，2013.

［96］［英］麦奎尔．大众传播模式论［M］．祝建华，译．上海：上海译文出版社，2008.

［97］［英］尼克·库尔德里．媒介仪式：一种批判的视角［M］．崔玺，译．北京：中国人民大学出版社，2016.

[98][英]特里·伊格尔顿.审美意识形态[M].王杰,傅德根,麦永雄,译.桂林:广西师范大学出版社,2001.

[99][英]约翰·B.汤普森.意识形态与现代文化[M].高銛,译.南京:译林出版社,2005.

**(二)期刊类**

[100]蔡正丽.意识形态权力意义的解释学分析及其批判[J].安徽师范大学学报(人文社会科学版),2021,49(1).

[101]陈纯柱,韩兵.我国网络言论自由的规制研究[J].山东社会科学,2013(5).

[102]陈弟华.新时代意识形态工作领导权的巩固[J].毛泽东邓小平理论研究,2018(2).

[103]陈红玉.视觉修辞与新媒体时代的政治传播[J].西南民族大学学报(人文社科版),2017,38(1).

[104]陈力丹.传播学的基本概念与传播模式[J].东南传播,2015(3).

[105]陈瑞丰.马克思主义双重感觉理论及其现实意义[J].毛泽东邓小平理论研究,2020(7).

[106]陈文育.关于图像时代的意识形态问题[J].南京师范大学文学院学报,2010(2).

[107]党李丹.消费社会语境下短视频产品的符号转换[J].青年记者,2019(11).

[108]董雅华.论主流意识形态的有效传播:模式转换与策略选择[J].毛泽东邓小平理论研究,2016(2).

[109]杜骏飞.数字交往论(2):元宇宙,分身与认识论[J].新闻界,2022(1).

[110]高丙中,夏循祥.社会领域及其自主性的生成[J].北京大学学报(哲学社会科学版),2015,52(5).

[111]郭建斌.如何理解"媒介事件"和"传播仪的式观":兼评《媒介事件》和《作为文化的传播》[J].国际新闻界,2014,36(4).

[112]郭讲用.传统节日仪式传播与信仰重塑[J].当代传播,2012(4).

[113]红苇."生活政治"是一种什么政治[J].读书,2006(6).

[114]胡百精,李由君.互联网与共同体的进化[J].新闻大学,2016(1).

[115]胡继冬.论红色文化的社会记忆建构:基于符号学的视角[J].广西社会科学,2018(2).

[116]胡启明,张文.典型宣传的"碎片化"传播[J].青年记者,2012(20).

[117]胡启明.工具与政治之间:网络媒介意识形态传播的日常生活化转向研究[J].重庆邮电大学学报(社会科学版),2017,29(3).

[118]胡潇.论印刷文化的逻辑构型:关于文本思维的语言分析[J].广东社会科学,2002(5).

[119]季为民,叶俊.论习近平新闻思想[J].新闻与传播研究,2018,25(4).

[120]姜楠.感性选择:互联网群体传播中的主体关系建构[J].现代传播(中国传媒大学学报),2021,43(1).

[121]揭晓.视觉文化传播与意识形态日常生活化研究[J].社会主

义研究，2016(1).

[122]匡文波."刚柔相济"新媒体时代主流意识形态的传播策略
[J].人民论坛，2016(23).

[123]李彬.传播符号的分类及功能[J].中国青年政治学院学报，
2002(2).

[124]李春会.马克思主义大众化传播要素运行的矛盾[J].广西社
会科学，2016(8).

[125]李海，范树成.论我国主流意识形态传播新机制的建构[J].
求实，2014(7).

[126]李泓江.迈向日常生活的传播学：论列斐伏尔思想中的媒介
向度[J].首都师范大学学报(社会科学版)，2021(6).

[127]李建军，马瑞雪，周普元.论情感传播的特点和原则[J].东
北师大学报(哲学社会科学版)，2020(5).

[128]李舟.谁之主流 何以主流：主流意识形态的问题研判与建设
愿景[J].清华大学学报(哲学社会科学版)，2014，29(5).

[129]李晓阳，张明.视觉文化视域下主流意识形态感性传播的机
理探究[J].湖北行政学院学报，2019(6).

[130]李晓阳.新时代主流意识形态视觉化传播的路径探析[J].党
政干部学刊，2020(3).

[131]李应志."图像时代"与文化权力的大众化[J].西南大学学报
(社会科学版)，2021，47(2).

[132]梁家峰，蒋雪莲.日常生活仪式涵养社会主义核心价值观教
育的路径探析[J].思想理论教育导刊，2017(2).

[133]林升梁.消费社会的身份认同与价值重建[J].新闻大学，

2013(1).

[134]林之达. 宣传、新闻、传播三概念辨析[J]. 当代传播, 2007(5).

[135]刘波亚, 李金玉. 网络空间中主流意识形态的认同逻辑[J]. 教学与研究, 2019(4).

[136]刘春雪. 社会主义意识形态传播过程中受众的心理机制研究[J]. 湖北社会科学, 2009(11).

[137]刘海龙. 中国语境下"传播"概念的演变及意义[J]. 新闻与传播研究, 2014, 21(8).

[138]刘建明. "传播的仪式观"的理论突破、局限和启示[J]. 湖北大学学报(哲学社会科学版), 2017, 44(2).

[139]刘骄阳. 后现代社会的政治仪式何以可能[J]. 探索与争鸣, 2018(2).

[140]刘路. 传播学视野下的宗教仪式与媒介利用[J]. 宗教学研究, 2009(2).

[141]刘明洋, 吕晓峰. 媒介化社会视角下的新媒介伦理建构[J]. 山东社会科学, 2017(8).

[142]刘少杰. 新形势下意识形态传播方式的变迁[J]. 吉林大学社会科学学报, 2011, 51(5).

[143]刘少杰. 意识形态的理论形式与感性形式[J]. 江苏社会科学, 2010(5).

[144]刘新宇. 面向美好生活:转型期的消费文化与社会治理[J]. 浙江师范大学学报(社会科学版), 2021, 46(6).

[145]马川, 孙妞. 从"政治萌化"到"反政治萌化":当代青年政治

主体性的建构、再构与重构[J]. 中国青年研究, 2020(6).

[146]梅琼林, 陈旭红. 视觉文化转向与身体表达的困境[J]. 文艺研究, 2007(5).

[147]孟浩明. 我国社会转型期主流意识形态建设问题[J]. 科学社会主义, 2005(4).

[148]孟建. 视觉文化传播: 对一种文化形态和传播理念的诠释[J]. 现代传播, 2002(3).

[149]庞达. 马克思主义感性意识形态的基本内涵及其特征[J]. 思想政治教育研究, 2017, 33(3).

[150]庞立生. 意识形态建设的实践论视野及其文化自觉[J]. 东北师大学报(哲学社会科学版), 2019(2).

[151]邱园园, 庞立生. 网络意识形态的感性化传播机制及其治理逻辑[J]. 理论导刊, 2021(9).

[152]邵培仁, 李梁. 媒介即意识形态: 论法兰克福学派的媒介控制思想[J]. 浙江大学学报(人文社会科学版), 2001(1).

[153]邵晓光, 郑丽娜. 感性、历史和自由: 马克思实践范畴的三重维度[J]. 沈阳师范大学学报(社会科学版), 2017, 41(3).

[154]史安斌. 作为传播媒介的虚拟现实技术: 理论溯源与现实反思[J]. 人民论坛·学术前沿, 2016(24).

[155]宋辰婷. 网络时代的感性意识形态传播和社会认同建构[J]. 安徽大学学报(哲学社会科学版), 2015, 39(1).

[156]孙凤, 张逸潇, 肖经建. 符号消费行为研究[J]. 山东大学学报(哲学社会科学版), 2012(3).

[157]孙玮. 交流者的身体: 传播与在场——意识主体、身体—主

体、智能主体的演变[J]．国际新闻界，2018，40(12)．

[158]田旭明．发挥国家纪念仪式在涵育核心价值观中的载体功能[J]．中国特色社会主义研究，2017(1)．

[159]王冰．关系的再生产：媒介仪式的日常结构及其作用机制[J]．学术研究，2021(12)．

[160]王德峰．论马克思的感性意识概念[J]．云南大学学报(社会科学版)，2016，15(5)．

[161]王德胜．回归感性意义：日常生活美学论纲之一[J]．文艺争鸣，2010(5)．

[162]王洪亮．当代媒体语境下的视觉文化特征[J]．现代传播(中国传媒大学学报)，2014，36(2)．

[163]王怀诗．电子文化对印刷文化的颠覆及其伦理影响[J]．兰州大学学报(社会科学版)，2007(4)．

[164]王宁．"国家让渡论"：有关中国消费主义成因的新命题[J]．中山大学学报(社会科学版)，2007(4)．

[165]王艺璇，安真真．注意力经济：电商直播中消费者注意力的生产与控制[J]．中国青年研究，2021(2)．

[166]王正林．视觉媒介的文化属性及其传播策略[J]．学理论，2013(31)．

[167]王纵横．哲学与当代中国的消费社会问题[J]．北京大学学报(哲学社会科学版)，2015，52(6)．

[168]温旭，倪黎．西方数字文化霸权对大学生价值观影响研究[J]．当代青年研究，2021(2)．

[169]吴金海．对消费主义的"过敏症"：中国消费社会研究中的一

个瓶颈[J].广东社会科学,2012(3).

[170]吴琼.视觉性与视觉文化:视觉文化研究的谱系[J].文艺研究,2006(1).

[171]吴学琴.日常生活的意识形态分析及其认同[J].马克思主义研究,2009(3).

[172]吴学琴.日常生活的意识形态与视觉文化[J].教学与研究,2012(7).

[173]肖容.整体互动论:独树一帜的传播模式——略论邵培仁的传播学研究[J].徐州师范学院学报,1992(3).

[174]徐瑞青.电视文化在消费社会中的新形态和新走向[J].清华大学学报(哲学社会科学版),2007(5).

[175]薛艺兵.对仪式现象的人类学解释:下[J].广西民族研究,2003(3).

[176]杨庆峰.物质身体、文化身体与技术身体:唐·伊德的"三个身体"理论之简析[J].上海大学学报(社会科学版),2007(1).

[177]尹鸿,阳代慧.家庭故事·日常经验·生活戏剧·主流意识:中国电视剧艺术传统[J].现代传播,2004(5).

[178]于德山.新型图像技术演化与当代视觉文化传播[J].现代传播(中国传媒大学学报),2018,40(4).

[179]喻国明,张洪忠.中国大众传播渠道的公信力评测:中国大众媒介公信力调查评测报告系列[J].国际新闻界,2007(5).

[180]曾军.从"视觉"到"视觉化":重新理解视觉文化[J].社会科学,2009(8).

[181]张福平,张云平.共创共享:马克思主义大众化传播的模式

选择[J].郑州大学学报(哲学社会科学版),2010,43(1).

[182]张静,周三胜.论网络传播条件下党的意识形态建设[J].毛泽东邓小平理论研究,2005(6).

[183]张雷声.论社会主义社会主流意识形态[J].马克思主义研究,2008(4).

[184]张品良.网络传播对党的建设的挑战及应对[J].江西财经大学学报,2001(1).

[185]张青卫,王帅.感觉可以直接成为理论家:对马克思《1844年经济学哲学手稿》的一种新理解[J].哲学研究,2015(10).

[186]张伟,杨明.从"传递观"到"仪式观":论社会主义核心价值观传播的范式转换[J].江苏行政学院学报,2018(2).

[187]张伟.论社会主义核心价值观的仪式化传播及其实践[J].湖南科技大学学报(社会科学版),2019,22(2).

[188]张政文.感性的思想谱系与审美现代性的转换[J].中国社会科学,2014(11).

[189]郑红娥.消费社会理论反思与中国消费社会的建构[J].天津社会科学,2006(5).

[190]周宪.从形象看视觉文化[J].江海学刊,2014(4).

[191]周宪.当代视觉文化与公民的视觉建构[J].文艺研究,2012(10).

[192]周宪.反思视觉文化[J].江苏社会科学,2001(5).

[193]周宪.审美现代性与日常生活批判[J].哲学研究,2000(11).

[194]周宪.视觉建构、视觉表征与视觉性:视觉文化三个核心概

念的考察[J]. 文学评论，2017(3).

[195]周宪. 视觉文化的转向[J]. 学术研究，2004(2).

[196]周宪. 视觉文化与消费社会[J]. 福建论坛(人文社会科学版)，2001(2).

[197]朱兆中. 意识形态的传播与接受问题研究：兼论中国马克思主义的传播与接受[J]. 上海行政学院学报，2007(4).


(三)报纸类

[198]习近平. 习近平在中共中央政治局第十三次集体学习时强调 把培育和弘扬社会主义核心价值观作为凝魂聚气强基固本的基础工程[N]. 人民日报，2014-2-26(1).

[199]习近平. 在庆祝中国共产党成立100周年大会上的讲话[N]. 人民日报，2021-7-2(2).

[200]习近平. 扎实推动共同富裕[N]. 人民日报，2021-10-16(1).

[201]习近平. 习近平在全国宣传思想工作会议上强调 胸怀大局把握大势着眼大事 努力把宣传思想工作做得更好[N]. 人民日报，2013-8-21(1).

[202]习近平. 习近平在上海考察时强调当好全国改革开放排头兵 不断提高城市核心竞争力[N]. 人民日报，2014-5-25(1).

[203]习近平. 习近平在参加内蒙古代表团审议时强调 保持加强生态文明建设的战略定力 守护好祖国北疆这道亮丽风景线[N]. 人民日报，2019-3-6(1).

[204]顾保国. 完善坚持正确导向的舆论引导工作机制[N]. 解放

军报，2020-4-15(7)．

[205]李玉．让"记忆场所"为我们留住"乡愁"[N]．中国社会科学报，2015-2-27．

**（四）学位论文**

[206]卜思思．视觉传播研究[D]．西安：西北大学，2012．

[207]杜欣．唯物史观视野下的意识形态传播结构研究[D]．北京：北京交通大学，2017．

[208]赖国栋．历史记忆研究：基于 20 世纪西方历史理论的反思[D]．上海：复旦大学，2009．

[209]李超．作为媒介仪式的春节联欢晚会[D]．北京：北京大学，2013．

[210]李珈遥．新媒体时代执政党意识形态传播路径探究[D]．北京：中共中央党校，2017．

[211]杨章文．经济利益多元化格局下马克思主义意识形态话语体系建设研究[D]．上海：华东师范大学，2021．

[212]赵颂平．意识形态的网络传播机制研究[D]．杭州：浙江大学，2018．

**（五）电子文献**

[213]张晓松，黄小希．举旗帜聚民心育新人兴文化展形象 更好完成新形势下宣传思想工作使命任务[EB/OL]．中华人民共和国互联网信息办公室，2018-12-24．

[214]宋玉萌，庞明广．全国人大代表首次用 VR 全景视频建言献

策［EB/OL］. 新华网，2016-3-6.

［215］王頔新闻互动微纪录片：她的故事，"触"处动人［EB/OL］.
新华网，2020-5-26.


（六）外文资料

［1］BARTHES R. *The rhetoric of the image：Image*，music，*text*［M］.
Translated by HEATH S. London：Fontana，1964.

［2］EDGAR A，SEDGWICK P. *Cultural Theory：The Key Concepts*
［M］. London：Routledge，1999.

［3］LEFEBVRE H. *Critique of Everyday Life*［M］. London：Verso
Press，1991.

［4］ELKINS J. NAEF M. *What is an Image?*［M］. University Park PA：
University of Pennsylvania Press，2011.

［5］BAUDRILLARD J. *Simulacra and Simulation*［M］. Ann Arbor：University of Michigan Press，1994.

［6］THOMPSON J B. *The Media and Modernity*［M］. Cambridge：Polity
Press，1995.

［7］DEWEY J. *Democracy and Education*［M］. New York：Macminllan，
1916.

［8］DIKVITASKAYA M. *Visual Culture：The Study of the Visual after
the Cultural Turn*［M］. Cambridge：The MIT Press，2006.

［9］MIRZOEFF N. *An introduction to visual culture*［M］. New York：
Routledge，1999.

［10］MIRZOEFF N. *The Right to Look：A Counter history of Visuality*

[M]. Durham: Duke University Press, 2011.

[11]COULDRY N. *Media Rituals: A Critical Approach*[M]. London: Routledge, 2003.

[12]EAGLETON T. *Ideology: An Introduction*[M]//REGAN S. *The Eagleton Reader*. Cambridge: Blackwell, 1998.

[13] MICHELL W J T. *Iconology: Image, Text, Ideology*[M]. Chicago: University of Chicago Press, 1987.

[14]BENNETT W L, LAWRENCE R G. News icons and the mainstreaming of social change[J]. *Journal of Communication*, 1995, 45(3).

[15]BOCK M A. Theorising visual framing: contingency, materiality and ideology[J]. *Visual Studies*, 2020, 35(1).

[16]GALLOWAY AR. Language wants to be overlooked: On software and ideology[J]. *Journal of Visual Culture*, 2006, 5(3).

[17]JOFFE H. The power of visual material: Persuasion, emotion and identification[J]. *Diogenes*, 2008, 55(1).

[18]MICHELL W J T. Showing seeing: a critique of visual culture[J]. *Journal of visual culture*, 2002, 1(2).